Ninguém nasce sabendo

Dados Internacionais de Catalogação na Publicação (CIP)
(Câmara Brasileira do Livro, SP, Brasil)

Mautner, Anna Veronica
   Ninguém nasce sabendo : crônicas sobre a educação no século 21 / Anna Veronica Mautner. – São Paulo : Summus, 2013.

   ISBN 978-85-323-0907-5

   1. Crônicas brasileiras 2. Educação 3. Educação - Finalidades e objetivos 4. Ensino 5. Escolas 6. Família e escola 7. Tecnologia educacional I. Título.

13-03833   CDD-370

Índice para catálogo sistemático:
1. Crônicas sobre a educação 370

www.summus.com.br

EDITORA AFILIADA

Compre em lugar de fotocopiar.
Cada real que você dá por um livro recompensa seus autores
e os convida a produzir mais sobre o tema;
incentiva seus editores a encomendar, traduzir e publicar
outras obras sobre o assunto;
e paga aos livreiros por estocar e levar até você livros
para a sua informação e o seu entretenimento.
Cada real que você dá pela fotocópia não autorizada
de um livro financia o crime
e ajuda a matar a produção intelectual de seu país.

Ninguém nasce sabendo

Crônicas sobre a educação no século 21

Anna Veronica Mautner

summus editorial

NINGUÉM NASCE SABENDO
Crônicas sobre a educação no século 21
Copyright © 2013 by Anna Veronica Mautner
Direitos desta edição reservados por Summus Editorial

Editora executiva: **Soraia Bini Cury**
Editora assistente: **Salete Del Guerra**
Ilustração de capa: **Andrés Sandoval**
Finalização de capa: **Spress**
Projeto gráfico e diagramação: **Crayon Editorial**
Impressão: **Sumago Gráfica Editorial**

Summus Editorial
Departamento editorial
Rua Itapicuru, 613 – 7º andar
05006-000 – São Paulo – SP
Fone: (11) 3872-3322
Fax: (11) 3872-7476
http://www.summus.com.br
e-mail: summus@summus.com.br

Atendimento ao consumidor
Summus Editorial
Fone: (11) 3865-9890

Vendas por atacado
Fone: (11) 3873-8638
Fax: (11) 3873-7085
e-mail: vendas@summus.com.br

Impresso no Brasil

Sumário

Prefácio	7
Apresentação	11

A escola hoje

Bullying – A revolta dos injustiçados	14
Chega de ser trouxa	16
Em defesa do período integral	18
Errar é mesmo humano?	20
A escola moderna e a escola à antiga	23
A escola mudou	26
Lição de casa: sinônimo de solidão	29
Matemática de novo	31
Que escola ensina melhor?	34
Questão de preferência	37
Reunião como ponto de venda	40
Seminário é bom para quem?	43

O papel do professor

Aprender	46
Ensino e simpatia	49
Educar é frustrar	52
O professor na berlinda	54
Quem ensina a alfabetizar?	58
Reprovação	61
Senta e estuda	64

Corpo e sociedade

Cadê o trabalho manual?	68

Escolas... como serão?	72
Mão: cada vez menos útil, porém necessária	75
Rabiscar para inovar	78
Sem gênero	81
Terapia ocupacional na escola	86

Família e escola

Aprendizado	90
Autoridade	93
Do banal ao especial	96
Família *versus* escola	100

Informação, tecnologia e comunicação

Dizer, não ouvir, repetir...	104
Do *mouse* ao rascunho	107
Escola paraíso	109
A gripe e a educação *online*	112
Saber virou dever	115
Transmissão de cultura	118
Vivência real	122

Infância e adolescência

À margem da escola	128
Adaptação	131
Brincar e fazer de conta	134
Primeiro ano primário	137

Depois da escola

Criando um indivíduo para o mundo	142
Eis o homem. Qual?	145
O mundo muda e viver continua sendo difícil	148
Pela cultura do aprendiz	150

Prefácio

As crônicas aqui presentes estão reunidas por dois traços comuns: do ponto de vista do conteúdo, o estabelecimento de contrastes entre o novo e o antigo; do ponto de vista do estilo, o uso de frases assertivas, intercaladas por perguntas. O realce de um ou outro desses traços pode proporcionar dois tipos de leitura.

Por um lado, uma leitura mais ligeira tende a acentuar as tomadas de posição, isto é, as afirmações mais fortes, encontrando nestas crônicas, principalmente, a defesa do "antigo" e a denúncia do "novo". Ordem, disciplina, bons modos, compostura, tradição, autoridade, hierarquia são necessários à educação; desnecessário é tudo que esbarra no "falso democratismo"; necessária é a aquisição dos "instrumentos básicos" – ler, escrever, contar; necessárias são as "caretices de antigamente" – cópia, ditado, descrição. Um ângulo austero, quase conservador, portanto. Ele é reforçado pelo uso frequente de um vocabulário nada brando: treinamentos e exercícios, preparação e instrumentação, prática e esforço são sustentáculos de uma sólida educação.

Por outro lado, uma leitura mais atenta mostrará que nada é tão simples assim. Sombreando a clareza das afirmações, insinuam-se dúvidas, flexionam-se certezas, abrem-se alternativas, sugere-se o novo. Nascem perguntas. A seleção de algumas passagens, colhidas aqui e ali ao longo dos textos, ilustra melhor do que qualquer comentário:

- "Visão pessimista, dirão os leitores. Não. Creio na mudança."
- "Inovar significa caminhar em terrenos desconhecidos."
- "Peço colaboração. Mandem ideias."
- "Diante da máquina, a máquina é o limite. Perante nossa competência, do rabisco em diante, o céu é o limite."
- "A liberdade lúdica é o espaço em que ocorre o teste de si próprio."
- "Aquele que pode refletir, mudar de ideia, de interesse, de atividade é um indivíduo livre."

Desse ponto de vista, não é surpreendente que títulos de muitos textos tenham a forma de pergunta ou que alguns deles se iniciem ou se concluam com uma interrogação. E que, no meio deles, perguntas incidam sobre frases afirmativas:

- "Será que a mudança foi boa?"
- "E dizem que criatividade e capricho não casam. Quem prova isso?"
- "Que humanidade nascerá da vitória do indicador?"
- "Estou defendendo o fim da escola? Não. Estou defendendo formas livres de aprender."
- "Onde é que os mestres aprendem a alfabetizar?"
- "[...] que homem queremos formar? [...] e como se forma o homem que pensa?"

Se fizermos uma conjunção dos dois traços que marcam a variedade dos escritos e dos dois modos de leitura a que dão lugar, compreenderemos quanto é expressiva a reunião de pares "opostos" presentes nos vários textos: *liberdade* e *interdição*; *silêncio* e *ruído*; *informação* e *afeto*; *criatividade* e *capricho*; *esforço* e *prazer*; *corpo* e *máquina*; *indicador* (que clica o teclado da máquina) e *polegar* (que pega, pinça, dobra); *virilidade* e *doçura*; *suavidade* e *força*; *rigidez* e *flexibilidade*; *adaptação* e *transgressão*.

Compreenderemos mais. Se vasculharmos esta obra, procurando por duas ou três palavras menos recorrentes, talvez, mas capazes de constituir seu eixo, encontraremos: *impasse*; *encruzilhada*; *paradoxo*. São termos que apontam tensões ou uma confluência de alternativas. Não sugerem saídas. Assim como o mistério, que se acata mas não se decifra, também aqui não se trata de resolver impasses, evitar encruzilhadas, dissolver paradoxos, pois eles pertencem ao dia a dia da vida. Trata-se, antes, de acolhê-los, conviver com eles e descobrir uma alegria nesse convívio. Ou, se quisermos, trata-se de um convite para celebrar, na educação como na vida, certa *liturgia* do cotidiano. Concluamos com mais um fragmento das palavras de Anna Veronica Mautner: "Uma vida feita só de 'prazer' é difícil, se não impossível. Mas pensar em melhorar nos leva a manter um fundo prazeroso que nos faz transmitir aos que nos seguem uma sabedoria de bem viver, não só de sobreviver".

SALMA TANNUS MUCHAIL
Professora titular do Departamento de Filosofia da Pontifícia Universidade Católica de São Paulo (PUC-SP) e professora emérita da mesma instituição

Apresentação

Não é nada simples organizar um livro escrito por Anna Veronica Mautner.

À primeira vista, deveria ser fácil separar os textos – originalmente publicados na revista *Profissão Mestre* e no caderno Equilíbrio, da *Folha de S.Paulo* – por temas e então organizá-los em blocos. Porém, quando se mergulha nos escritos dessa mulher sábia e provocadora, se percebe que cada artigo contém uma riqueza de ideias impossível de conter num simples rótulo.

Anna Veronica não dá receitas. Não diz como nem quando. Ao contrário, trava com o leitor uma conversa franca em que não faltam puxões de orelha. O objetivo é despertar a consciência para discutir com seriedade a educação que se pratica em nossas escolas e em nossas famílias.

A tecnologia vai suplantar a aptidão física? Em que medida a escola de hoje, mais "moderna", é melhor que a de ontem, mais humana? Em tempos de politicamente correto e das lutas por inclusão, é possível trabalhar a diversidade nas instituições escolares? Se aprender tabuada é chato, conseguiremos formar cidadãos capazes de cuidar das próprias finanças? A autoridade em classe é mesmo uma ameaça? Estamos preparados para acolher a infância em todas as suas nuanças ou preferimos delegar a tarefa a qualquer um que se proponha a nos tirar esse "fardo" dos ombros? Essas são algumas das perguntas que a autora lança para os leitores.

Porém, ainda que não haja respostas prontas para todas essas questões, reza a cartilha dos editores que uma coletânea de artigos tenha algum tipo de fio condutor – e certamente Anna Veronica aprovaria isso. Assim, esta obra está organizada em sete grandes seções: "A escola hoje", "O papel do professor", "Corpo e sociedade", "Família e escola", "Informação, tecnologia e comunicação", "Infância e adolescência" e "Depois da escola". O leitor perceberá que essa divisão é por vezes arbitrária, visto que os temas com frequência se misturam num mesmo artigo – o que por sua vez enriquece a leitura.

Destinado a pais e professores, este livro pretende ser a pulga atrás da orelha de cada leitor. Seu objetivo maior é ampliar a discussão acerca de como estamos educando nossas crianças e de que tipo de ser humano desejamos formar. Esperamos que os textos aqui reunidos cumpram esse objetivo.

A editora

A escola hoje

Bullying – A revolta dos injustiçados

É muito difícil tolerar o ser humano igual a mim, que tem todas as facilidades e limitações que eu tenho e não faz o esforço que eu acho que faço para vencer dificuldades – me refiro à dificuldade de conviver em grupo.

Esforço para quê? Aí é que está o xis da questão. Para manter os grupos sociais dentro de certa harmonia e conforto psicológico, dependendo da idade de cada um de nós, é exigido um rol de comportamentos que mantém o equilíbrio das relações interpessoais, permitindo a coesão do grupo. Se cada um de nós fizesse o que quiser, na hora em que tem vontade, as tarefas coletivas tornar-se-iam impossíveis. Se numa sala de aula não for mantida certa tranquilidade, a aprendizagem fica difícil.

A finalidade de os alunos estarem reunidos em torno de um mestre é que cada um receba um tanto de conhecimentos novos. A presença de uma ou mais pessoas impedindo a aprendizagem atrai a atenção do grupo. Esse que quebra a rotina é um herói, um líder ou um "chato". Se a maioria quer aprender e o que diverge não percebe sua inadequação, ele é chato. Se ele é o único que tem coragem de expressar o descontentamento de todos, é herói. O chato a gente zoa, ridiculariza, maltrata. Já o outro é admirado.

A criança que atrapalha, não se manca, torna-se objeto da maldade dos outros. Se ela não consegue se conter, será reprimida pelos outros e sofrerá.

É importante notar que não se faz maldade, não se faz *bullying* com o verdadeiramente deficiente. O maneta, o perneta, o cego, o surdo não são zoados pelos colegas.

As crianças são cruéis, de fato elas podem ser. Mas o são apenas diante do que sentem (pode até não ser de verdade), que é a falta de esforço do outro. Todo mundo, todas as crianças usam a tal da força de vontade para conter certos comportamentos que não se ajustam ao momento. Os que não fazem esse esforço fazem os outros se sentirem injustiçados.

Esse sentimento de ser injustiçado que o "malvado" tem é um dos ingredientes das maldades que são feitas com os menos dotados ou os que não mostram suficiente força de vontade.

É uma reação a uma percepção de injustiça que estaria ocorrendo no grupo.

Chega de ser trouxa

A figura do professor está cada vez mais visada e superficialmente analisada. É verdade que o professor tem de ser razoavelmente pago; é inegável que ele deve ter uma boa formação e estabilidade no emprego e nas instituições em que atua. Também o currículo deve ser discutido pelos órgãos competentes; deve haver material didático suficiente e adequado.

Tantos deveres do lado de cá – escola, professor e governo. E o lado de lá? Com que cabeça, com que índole, com que visão de mundo os alunos atravessam o umbral da porta da sala de aula? Vêm para aprender? Para se divertir? Para obedecer às exigências? Isso tudo foi sempre assim, desde que o mundo é mundo, com uma diferença que me parece essencial: ninguém mais, criança, adolescente, adulto, quer fazer coisa "chata" ou desagradável.

O adulto encarregado da criança (seja pai, mãe ou responsável) não se sente com autoridade moral para impor, com naturalidade, tarefas/atividades não prazerosas. Como só poucas vezes é prazeroso ficar sentado, prestar atenção, obedecer, o aluno se rebela, se fecha para o saber e para o aprender – e, na medida do possível, exterioriza esse estado de ânimo.

Enquanto os adultos em torno da criança não se sentirem autorizados e bem à vontade para impor as tarefas escolares, continuaremos num impasse. A questão é de ideologia, de cultura da modernidade. O enaltecimento do prazer como única razão, mola mestra da atividade humana, torna a escola um problema sem solução, pois tarefas coletivas de aquisição de novas aptidões e conhecimentos nem sempre são prazerosas, muito menos podem ocorrer sem esforço. Vivemos numa época em que é visto como trouxa quem faz esforço, quem realiza tarefas monótonas, às vezes pesadas ou chatas, sem reclamar. Quem quer ser trouxa? Mergulhados que estamos no pico de uma era de individualismo e hedonismo, decorar a tabuada não dá. Mas sem tabuada não tem regra de três, não tem cálculo de juros etc.

Visão pessimista, dirão os leitores. Não. Creio na mudança. Acredito cegamente estar chegando o dia em que até mesmo se submeter a exigências que podem parecer descabidas não será obrigatoriamente coisa de trouxa.

Em defesa do período integral

Uma vez por ano – ou por semestre, não sei ao certo –, os jornais vêm repletos de informações sobre escolas: as melhores, as piores, as médias...

Hoje, amanheci lendo listas e listas cheias de nomes e números, no jornal, falando do Exame Nacional do Ensino Médio (Enem). Entre as 30 melhores, 13 são do Rio de Janeiro. São Paulo vem bem atrás e o Piauí tem três escolas no *ranking*. Tantas escolas do Rio e tão poucas de São Paulo! Isso me surpreendeu. O Piauí e sua presença destacada me intrigaram a ponto de me levarem a verificar o porquê dessa distribuição.

Lendo de fio a pavio, percebi que *período integral* parece ser uma das condições de excelente desempenho. Tudo leva a crer que os alunos se beneficiam com o contato prolongado com a escola. Eu desconfiava disso. Estudei muitos anos como semi-interna e o vínculo com a escola marcou minha vida. Conversando com uma colega daquela época, ouvi confirmadas as minhas sensações.

A escola, assim, deixa de ser apenas transmissora de conhecimentos, abarcando também a formação ética – não só funcional, mas ainda a atitude de cada um diante da vida.

No meu caso, foi uma escola de freiras. Lembro-me delas, do jeito de cada uma, apesar de todas usarem hábitos iguais. A escola tinha alunos externos também. Coitados deles, iam embora em certa hora e nós ficávamos para curtir a escola. Quando os externos saíam, começava a vida em comunidade – professores, freiras e colegas. Gosto de me lembrar do que e como se comia, especialmente o respeito pelo espaço que usávamos como casa. Depois do almoço tinha um recreio gostoso, com muito menos alunos. Éramos quase uma grande família. A mestra que cuidava de nós ajudava nas lições, sem se irritar. Ela estava ali para nós. Havia seriedade, respeito, sem subserviência. Era um misto de casa e escola. O estudo, as aulas, o aprendizado – tudo integrado.

Imagino que o colégio São Bento, do Rio (integral), e as escolas do Piauí (integrais) gerem, ainda hoje, uma união entre estudo, amizade, crescimento e proximidade entre corpo discente e docente.

A hierarquia fica diferente num regime de oito horas. Diferenças existem, porém familiares. Nesse clima se aprende mais. Entendi por que o Piauí tem uma colocação tão boa no *ranking* do Enem. Nas escolas citadas se mescla trabalho e distração. Aprendizagem e crescimento. Essa é minha experiência, confirmada pelo Piauí.

Errar é mesmo humano?

Já escrevi sobre isso, mas neste texto quero falar sobre caprichar para melhor comunicar. Quero dizer que o bonito e o bem-feito expressam melhor porque a gente tem mais vontade de prestar atenção neles. Depois que tiraram ordem, aplicação e comportamento dos boletins escolares, o mundo nunca mais foi o mesmo. Não sei se esses itens foram tirados da avaliação dos alunos em todo o mundo ou só por aqui desapareceram. Se foi decreto-lei, se foi norma ministerial, se foi reforma educacional – desconheço a origem.

A presença dessas categorias de se relacionar com a tarefa nos boletins de antigamente entronizava o capricho no cotidiano. Funcionava como baliza para as lições e para a aprendizagem bem-sucedida, para o empenho e o capricho a elas devotado. E não era só isso. Exigiam-se pelo menos duas ou três verificações que confirmassem que tudo estava certo, limpo, claro. Essas revisões baseavam-se no pressuposto de que nem sempre o que fazemos sai bem-feito de primeira. Aliás, quase nunca. É preciso perceber as falhas, refazer e melhorar, dar retoques. E isso não diminui o autor. Muito pelo contrário. É da natureza do fazer. Ninguém nasce sabendo.

No século passado, nas escolas, fazia-se rascunho, que depois se passava a limpo. O rascunho, pelo visto, o bicho comeu. Para que uma tarefa saia bem-feita, praticar é preciso. O exercício de rever e retocar denota certa modéstia, tão necessária para o bem viver. A correção da tarefa pode esclarecer se foi falta de ordem, de empenho, de capricho ou de amor ao trabalho.

Se quisermos treinar nossos alunos para que venham a ser adultos eficientes e satisfeitos consigo mesmos, precisamos ajudá-los a fazer espontaneamente as tarefas de autocorreção – sem o que não só o chefe, mas o próspero autor não gostará do resultado.

Autocrítica demanda uma boa dose de modéstia, isto é, exige que se aceite como natural e não humilhante não sermos perfeitos. E isso tem de ser interiorizado desde muito cedo. Quando uma mãe pede: "Vamos fazer de novo até ficar bem bonito", ela não está dizendo que não gosta do filho. Ao contrário, ela está afirmando acreditar que ele é capaz de fazer melhor, cada vez melhor. Quando um jovem ou um adulto se sente humilhado ao ter de refazer, é porque nunca ouviu falar daquelas imperfeições naturais, passíveis de correção. Sentem que seu "eu" foi atingido.

Se conseguirmos criar novas gerações que creiam que é possível nos aprimorar, que isso é natural, que não nos diminui – ao contrário, nos enobrece –, seremos bem-sucedidos na nossa tarefa de criar homens melhores. Isso vale para caderno bem encapado, lápis bem apontado, estojo em ordem, caligrafia caprichada e comportamento respeitoso.

Tudo mudou da primeira década do século 20 para cá. O que vale hoje em dia é o "denso e profundo" conteúdo; esquece-se de que, mal apresentado, o tal conteúdo não é captado. Prestar atenção em detalhes como ordem e capricho virou bobagem, coisa de velho. Mas nem por isso deixamos de nos irritar quando encontramos um bilhete cuja letra não conseguimos decifrar porque o caderno de caligrafia caiu em desuso e pais e mestres não corrigem por medo de parecer caretas. Só que, das mais modernas máquinas do túnel sob o Monte Branco ao fio de qualquer telefone, só funcionam se as soldas tiverem sido feitas com o devido cuidado. As chamadas falhas humanas, que muitas vezes ocasionam tragédias, quando analisadas levam a uma pequena falta de atenção ocorrida sabe-se lá quando, na construção. Atenção faz parte da autocorreção, do ato de rever.

E dizem que criatividade e capricho não casam. Quem prova isso?

A escola moderna
e a escola à antiga

Entre as escolas chamadas de modernas e as escolas mais parecidas com as antigas, encontramos um amplo leque de diferenças. Vou tomar aqui um aspecto muito peculiar: como umas e outras crianças, distintas entre si pela genética e pela história de vida, mesmo que curtinha, reagem às diferentes culturas com relação à disciplina e competição. Crianças fortes, ágeis, espertas, com bom tônus muscular, boa visão de distância vivem felizes em qualquer escola, do ponto de vista da disciplina. Sobressaem, se defendem – dominam o cenário. Enquanto isso, as menores, mais frágeis, menos espertas fisicamente temem as fortes e dependem da presença de serventes, bedéis, monitores, eventualmente professores, para não apanhar nem ser humilhadas. O *ranking* entre os mais fortes e os mais frágeis não passa primordialmente pela produção intelectual, ao menos nos primeiros anos de escola. Não adianta ter aprendido a ler primeiro, ter boa caligrafia e ser por isso elogiado pelos professores. Entre crianças, o valor está na habilidade com que conseguem gerenciar o corpo. É preciso saber correr, jogar, lançar, bater, se equilibrar, enfrentar, não chorar à toa, enfim, sobreviver.

Modernamente, foi introduzida a ideologia da "não intervenção", como se o tônus muscular resultasse não de genética, mas de um dom divino a ser aperfeiçoado pelo uso, que deve ser livre. Tônus muscular, além de carga genética, conta também com a história de vida, o tipo de exercício feito, os irmãos, primos e vizinhos com quem as crianças convivem, competem e os quais tomam como modelo. Há um tipo de escola que costuma fazer um voo rasante por cima desses fatos, como se eles não existissem, como se todos fossem iguais entre si e sempre tivessem vivido em liberdade ideal. A ideia é: basta interagir para que o equilíbrio seja alcançado. Trata-se sem dúvida de algo que se aproxima de um falso democratismo, uma má compreensão do papel da competição no desenvolvimento das crianças.

Na primeira infância, deixar as crianças livres para resolver problemas de obesidade, dislexia, questões psicomotoras pode funcionar como uma condenação a uma longa vida de cidadão de segunda classe. Mesmo que logo mais os valores intelectuais de apreensão e aplicação de conteúdo comecem a valer, deixando em segundo plano as habilidades motoras, as cicatrizes dos primeiros anos lá estarão.

Criança precisa de proteção na liberdade dos pátios de recreio. Lembro-me das palavras de uma criança que conseguiu sair de uma escola libertária, de onde fugia do recreio para a casa da caseira a fim de evitar o vexame. Ao chegar em casa, no seu primeiro dia em uma escola mais careta, perguntaram-lhe como tinha sido essa primeira experiência na escola pública, onde servente está lá também para evitar violência. Ela disse: "Tem um homem que foi separar duas crianças que estavam brigando". Foi esse seu único comentário. Desde então, nunca mais precisou se refugiar para fugir à sanha dos mais fortes e pôde se desenvolver no que lhe era mais fácil: dotes intelectuais.

É preciso perceber que a liberdade vale entre, se não iguais, pelo menos semelhantes. As crianças pequenas diferem muito umas das outras e o sentido de compaixão, alteridade é incipiente. Portanto, digo eu, a liberdade desprotegida pode ser massacrante para uns e palco de exibição de força para outros. Não é o melhor ambiente para um desenvolvimento equilibrado.

A escola mudou

Tenho a impressão de que hoje em dia não se brinca mais de "escolinha" como antigamente. Talvez seja porque a escola real deixou de ser séria e monótona. Há 40 anos – ou mais –, na escola exigia-se compostura, disciplina, bons modos, em geral o tempo todo. A escola não era, de jeito nenhum, "risonha e franca", tal como na Rádio América (ou seria Rádio Cultura?), no programa "Escolinha da Dona Olinda". Durante a meia hora em que o programa ficava no ar, dividíamos as carteiras imaginárias com os alunos da tal escolinha "risonha e franca". Faziam parte dela Mingau, Mingote e Minguinho, além de outros nomes de que já não me lembro. O senhor Nhô Totico era o ventríloquo que dava voz a todos os personagens. Ver o programa da plateia não tinha a menor graça porque ver um ventríloquo não tem graça.

O horário era em torno das cinco ou seis da tarde, quando todas as crianças já estavam em casa. A escola

NINGUÉM NASCE SABENDO

de onde nós chegávamos não era engraçada – era séria. Comparando o programa de rádio e o que era a escola, com certeza o sorriso e a risada eram os grandes diferenciais. Para quem saía do papel havia castigos de muitos tipos – vá para o corredor!; vá pra secretaria!; vá pra diretoria! Tudo dependia da gravidade da transgressão cometida.

Uma vez fora de sala, na diretoria ou na secretaria, podíamos ser advertidos, suspensos ou apenas levar um carão. Ter os pais chamados à escola era a grande ameaça. Aí teríamos castigos pra valer, não só na escola como em casa. Persistir no erro era grave. A função da escola era disciplinadora, como se fosse a disciplina a condição de aprendizagem. Silêncio e imobilidade eram fundamentais para prestar atenção. Se houvesse bagunça na classe, todos se distrairiam. Com esse tipo de exigência – silêncio e ordem –, as classes podiam até ser bem grandes. Havendo silêncio, tanto faz se somos 25 ou 40. Motivação, estímulos e malabarismos para despertar o interesse do aluno não eram temas pedagógicos. Parecia que o silêncio sepulcral bastava para levá-lo a se interessar pelo conteúdo.

Hoje em dia, é comum orientadores e professores se queixarem de que o aluno fala pouco, não se enturma, não se manifesta... Isto é modernidade! Chama-me a atenção a nova característica da escola, segundo a qual o aluno tem de mostrar que está interessado tanto na escola quanto no conteúdo. A escola quer entreter. Antigamente se acreditava que o conteúdo era interessante.

Neste novo contexto, a escola assume uma função quase terapêutica: atuar sobre a personalidade do aluno. Isso engloba o papel de intervir, o que torna os processos pedagógicos reféns de traços de personalidade. As funções da escola ganharam complexidade: agora ela aglutina a responsabilidade de gerar sociabilidade, de incluir os grupos e de despertar curiosidade. Hoje se acredita que cabe ao professor despertá-la.

Há muito poucas décadas, a curiosidade era natural e só não se manifestava quando havia bagunça. Cabia à disciplina gerar condições para a manifestação da "natural" curiosidade.

Lição de casa: sinônimo de solidão

Lição de casa virou sinônimo de estar só. Os adultos acham que a ausência de estímulo externo melhora a capacidade de concentração e, portanto, de aprendizagem. Esquecem que, diante do "papel em branco", não são poucas as pessoas que se angustiam e reagem dispersando o pensamento.

O vazio que sente aquele que vai estudar ou realizar uma tarefa intelectual pode gerar tal dispersão de atenção que as tarefas requeridas se tornam impraticáveis, irrealizáveis. Essa angústia de começar pode nos remeter para a ansiedade que sentimos diante do abandono. É como estar diante do desconhecido, sensação tanto mais frequente quanto menor a criança. Isso porque o rol de coisas desconhecidas, novas, incompreensíveis, inesperadas na vida cotidiana de uma criança é muito maior do que na de um adulto. A angústia de estar abandonado pode se repetir a cada experiência de "começo".

Em tempos passados, a criança ficava muito pouco diante do "papel em branco". A elite educava comumente os filhos em internatos, onde nunca se ficava sozinho, muito menos sem supervisão. Quem não era interno era semi-interno, os externos estudavam em casa entre as atividades comuns de uma família.

A ideia do silêncio e do isolamento para estudar não é antiga. As pessoas estudavam e trabalhavam junto com outras que podiam estar fazendo a mesma coisa ou apenas estar ali, próximas. Curiosamente, poderíamos dizer que nossos fantasmas internos – angústias, temores e ansiedades – são menos ativos e atrapalham menos as funções mentais do que um pouco de turbulência das portas, dos telefones, sussurros, liquidificadores comuns do dia a dia em todas as casas.

Muitas vezes, a gente se dobrar ao senso comum atrapalha. Diz o senso comum que o silêncio deve ajudar a concentração. Começo a desconfiar que nem sempre.

A angústia do "papel em branco", com a qual comecei este texto, pode ser maior quando na solidão silenciosa, sem estímulos externos. Na sala de aula, com a presença do professor conferencista falando para todos, o ruído externo não é excluído. Os ouvintes podem se movimentar, olhar para o expositor, observar seus gestos e não só escutar a sua voz.

Matemática de novo

Em 1957, viveu-se o momento Sputnik. Auge da Guerra Fria, espionagem a toda de ambos os lados, e eis que – *surprise*!

Nesse mesmo ano, poucos dias depois da inauguração da 12ª Sessão da Assembleia Geral da ONU, o edifício das Nações Unidas foi palco de um momento memorável que hoje Barack Obama – que na época não tinha nascido – trouxe de volta à nossa consciência com o nome de "momento Sputnik".

Ao lado da sala da Assembleia Geral havia um cômodo forrado de tapete verde onde se tomavam café e refrescos. Sentava-se na sala da Assembleia, fora se ficava em pé. O burburinho era geral, como costuma ser nas salas de café. De repente, se fez um silêncio absoluto. Ninguém podia "dizer" o que era: de boca a orelha correu a notícia: "O Sputnik subiu". O silêncio advinha do fato de que, antes de qualquer comentário, era preciso recorrer às chancelarias para que elas informassem o que era próprio dizer naquele momento.

Naquela sala, naquele momento, aprendi o que era *"poker face"* de diplomata. Andrei Gromyko estava a poucos centímetros de mim e, se alguém sabia o porquê do silêncio, era ele. Eu diria até que ele estava ali para gozar a vitória que o silêncio significava. Ele era o vencedor. A União Soviética vencia a Guerra Fria.

Rapidamente, todos saíram da sala e foram para seus respectivos escritórios. O resto eu não sei porque não vi. Eu era só uma jovem jornalista.

Aí vem a lição. Aí ocorreu aquilo que Obama aprendeu. A partir do dia seguinte, durante um ano, os jornais americanos inundaram suas páginas com artigos sobre educação. O lema uníssono era: temos de ensinar ciências. Chega de *liberal arts*, que corresponderiam aos nossos cursos de comunicação. Os pedagogos escreviam, opinavam, porque tínhamos de tornar o Ocidente apto a vencer a próxima etapa.

E Obama disse recentemente:

> Meio século atrás, quando os soviéticos nos derrotaram na corrida espacial ao lançar o satélite Sputnik, nós não tínhamos ideia de como íamos nos superar para chegar à Lua antes deles. Depois de investirmos em mais pesquisa e educação, não apenas superamos os soviéticos como também lançamos uma onda de inovação. Este é o momento Sputnik de nossa geração.

NINGUÉM NASCE SABENDO

Obama disse ainda que mandará ao Congresso um orçamento para alcançar esse objetivo. Agora, segundo ele, nós competimos com indianos e chineses, que passaram a educar suas crianças em matemática e ciências. E a história se repete. Naquele outubro de 1957, os americanos não levaram nem 24 horas para dar esse grito que Obama repete. Os jornais só falavam de educação.

Vivendo, sobrevivendo, eis-me aqui, em 2012, revendo a típica reação americana diante de dificuldades.

Queria tanto que aqui no Brasil fôssemos capazes de reagir tão prontamente nós também. Precisamos alfabetizar em letras e números, temos de ensinar a ler e a fazer contas.

Vamos lá, pessoal!

Que escola ensina melhor?

Onde se aprende melhor: em clima de liberdade/espontaneidade ou sob a orientação firme de mestres/professores?

Muito se fala hoje em dia, aqui no Brasil, sobre novos métodos de ensino. De Portugal nos vem a fama do método da Escola da Ponte. A pedagogia Waldorf é adotada em várias unidades em São Paulo. Outras escolas, com métodos experimentais, vêm sendo implantadas.

Lembro que em 1969 já se falava de Summerhill. Fui, pessoalmente, visitar essa revolucionária escola e cheguei a conhecer seu mentor, A. S. Neill, educador de orientação reichiana. Crianças de todo o mundo, filhos de pais dispostos a romper com os cânones tradicionais, sonhavam com Summerhill, e os que podiam mandavam seus filhos para lá. Era um internato, nos arredores de Londres. A liberdade na organização do currículo e no uso de todo o material escolar era a mais desejável para a ideologia da época. O toque irônico vinha do próprio Neill: tudo era liberado, menos o piano dele. Lembro ainda que me chocou que a interdição fosse de um objeto querido do próprio diretor, o idealizador da liberdade. Não eram as árvores frutíferas, não era o telefone nem os horários; o que ele queria intocado era algo seu. Na época, fiquei com a impressão de que, por isso, tratava-se de uma liberdade "para inglês ver", como se diz aqui no Brasil quando se quer algo só para mostrar.

Nessa mesma época, o sistema Waldorf, de Rudolf Steiner, já existia na Europa. Era menos libertário; continha e contém, até hoje, sementes de ordem e autoridade razoavelmente distribuídas.

A distância entre esses métodos e o das escolas comuns – normais – é enorme. Cada uma delas tem uma concepção própria de homem e de seu desenvolvimento.

Apesar de a Ciência andar a passos largos, ela parece não convencer os educadores. Cada um, cada tribo, gera uma metodologia baseada nos mesmos conhecimentos científicos. Porém, como a ideologia é parte importante desse processo, cada um elabora técnicas diferentes. Cada passo da Ciência pode representar uma inovação, dependendo de quem o toma pela mão.

Inovar significa caminhar em terrenos desconhecidos. Não é de imediato que se cria uma metodologia próxima à eficácia máxima. Os métodos experimentais são experimentais mesmo. Tateiam. Tentam. Observam. Avaliam e repensam, se necessário for.

A liberdade de inovar parece se apresentar, sempre, com uns vazios a ser preenchidos. No caso da escola "moderna", trata-se de diminuir as frustrações e dificuldades inerentes ao ensino e à aprendizagem. Diminuir quanto e como é a questão central e de difícil delimitação.

Não existe método indolor para praticar escrita cursiva, tabuada ou uma segunda língua. Todos têm um lado chato. O resultado pode ser bom, mas um tanto de sacrifício está embutido no processo.

Queria que a Ponte, Summerhill, Waldorf e outras conseguissem que meus netos fossem aprendizes mais felizes. Que venham soluções!

Será que essas linhas metodológicas trocam experiências ou se fecham em trajetos e igrejinhas próprios?

Que os inovadores se reúnam, troquem ideias, saiam de suas rodinhas e realizem muitos simpósios. Que não fiquem só na leitura dos livros. Imagino que todos leem os livros de todos. Mas conversar é bom também. Essa é a minha proposta.

Questão de preferência

Já vai longe o tempo (mais de meio século) em que educação visava à contenção. Em linguagem coloquial, segurar as pontas. O que quero dizer com isso? Que se dava valor ao intervalo entre perceber, sentir e só então reagir, responder. Disso resultavam os chamados bons modos, compostura. Essa capacidade de se conter por um tempinho propicia um clima de paz e harmonia.

Conter-se não é só não falar. Caras, caretas, gestos e tiques muitas vezes expressam o mesmo conteúdo que as palavras.

Quero pensar aqui sobre a atitude adequada de professores e pais diante de crianças. Não é suficiente fazer uma distribuição eticamente impecável de aprovação e reprovação para que os "queridinhos" desapareçam. Muitos outros itens de aprovação são percebidos ou emitidos numa família ou numa escola.

A preferência de um adulto por alguém de um grupo de iguais deve ser disfarçada. É feio demonstrar predileção por um filho, sobrinho ou aluno – mas que existe e sempre existiu e todo mundo sabia é um fato. Na escola, professoras inevitavelmente simpatizam mais com um ou outro aluno. Mas, antigamente, faziam todo esforço para disfarçar. Quem não o fizesse era malvisto.

Na família, sempre se disse "Eu não faço diferença". Na escola – lugar que deveria misturar democracia e meritocracia com competição –, nem precisa falar; trata-se de um bolo delicado de fazer.

Quero dizer que todas as crianças são iguais perante a escola e as avaliações são feitas de acordo com o resultado apresentado. Nesse ponto, gera-se competição.

Ao contrário do que se deveria esperar, o ônus do mal-estar cabe aos "queridinhos", que se sentem constrangidos diante dos colegas. Duvidam do valor da nota recebida ao mesmo tempo que gostam de estar entre os escolhidos. Quando aquele que elege o "queridinho" não disfarça, mesmo que não lhe dê vantagens, gera desconforto.

Voltando ao início deste texto, diríamos que estamos diante do exercício de contenção. Os adultos precisam "se mancar" e as crianças também. É muito ruim ser apontado como queridinho da vovó. Parece que o esforço não é avaliado com justeza. A simpatia colore a relação e o mérito. Também na escola encontramos essa dificuldade de verificar a legitimidade das avaliações.

Poderíamos dizer que ser "queridinho" melhoraria a autoestima. Parece lógico, mas, tratando-se de subjetividade, o "queridinho", de dúvida em dúvida, se sente possivelmente menor do que é.

Modernamente, não fica mal explicitar a preferência, que pode ser verbalizada, mas com muito cuidado. Numa família, "Paulinho puxou tanto o tio Paulo!" explica a preferência. Até a professora pode dar uma dica do tipo "Desde criança gosto de quem usa a borracha assim..." Dicas, verdadeiras ou não (em geral correspondem à realidade), ajudam a tirar a culpa e a suportar os constrangimentos e as dúvidas.

Reunião como ponto de venda

Alguns pais gostam, outros não, de reuniões de pais e mestres. Não tenho dados estatísticos a respeito do aumento ou da diminuição do número dessas reuniões nas escolas de ensino fundamental e médio, mas diria que sua frequência deve estar aumentando. Quero aventar aqui uma hipótese de por que as escolas anseiam tanto por manter contato coletivo com os pais.

Diz-se muito que a profissão de professor está cada vez mais desprestigiada. Ele ganha pouco, trabalha muito e não conta com os aplausos de seus semelhantes. A reunião de pais e mestres é uma chance de mostrar o valor da profissão, do método e da escola. É quase um grito de "Eu existo, eu estou aqui, eu faço coisa importante", embora o professor não faça parte dos altos da pirâmide econômica. A ideia de vocação, de poder fazer o que gosta, de ver o resultado de seu trabalho pelo aproveitamento dos alunos parece não ser suficiente para manter a autoestima dos educadores.

Já está longe, lá atrás no tempo, o professor que disputava carisma entre os pares. Ser um mestre já foi garantia de posição privilegiada na sociedade. Num mundo em que se propõe a educação a distância, em que a informação vem ininterruptamente de muitas fontes – o professor é uma a mais –, falar aos pais seria uma tentativa, certamente inconsciente, de chamar a atenção para a diferença.

A interatividade professor-aluno distingue essa relação de todas as outras. Professor e aluno não trocam apenas informação, objetiva ou subjetiva, mas também afeto. Na sala de aula, mergulhamos em emoções advindas de aceitação, rejeição, simpatia, sujeição, autonomia. Na relação entre instrumentos eletrônicos e receptores, no caso, aprendizes, essa parceria fica vaga. De forma surda e muda, parece-me, a convocação de reuniões é uma tentativa de vender a especificidade da situação escolar diante das outras formas de difusão de conhecimento. A reunião, pois, é um ponto de venda.

O contato entre a instituição e os pais sempre existiu. O boletim e a caderneta de notas sempre foram uma maneira de informar os pais sobre o desempenho do aluno (às vezes os responsáveis precisavam também assinar as provas). A caderneta e o boletim também informavam sobre assiduidade, além de comportamento e aplicação, que há muito tempo desapareceram.

As questões de sociabilidade, quando apareciam, ficavam apenas entre escola e pais. Dificuldades de adaptação, problemas de disciplina ou de falta de interesse, quando aconteciam, também eram tratados discretamente, não no ponto de venda.

Será que a mudança foi boa?

Seminário é bom para quem?

Vou aqui discorrer sobre o significado da transposição das técnicas de criatividade – inicialmente propostas, nas décadas de 1940/1950, para a solução de problemas pontuais – para a sala de aula.

Um grupo de *brainstorming* pressupõe liberdade de expressão, ausência de avaliação mútua e a chegada a uma conclusão de consenso ou não. Um dos primeiros grupos desse tipo foi criado para entender a resistência da população americana, durante a Segunda Guerra Mundial, em aceitar proteínas não convencionais. A carne comum de primeira era mandada para o *front*: ninguém imaginava exigir que os soldados do Tio Sam comessem fígado ou miolo. As carnes de primeira iam para eles e esperava-se que a população americana aceitasse comer miúdos e outras partes menos desejadas.

A ideia de que criatividade era importante difundiu-se e chegou rapidamente à sala de aula. Os alunos gostavam de se expressar com pouca ou nenhuma avaliação ou restrição. Nesse clima de liberdade, parecia aos jovens alunos e pedagogos mais fácil aprender.

Essa onda chegou ao Brasil e às escolas ditas modernas; mais especialmente ainda, ganhou terreno nas universidades, no trabalho em equipe, em grupo e nos seminários. Difundiu-se concomitantemente uma confusão entre criar, inventar e aprender. O detentor do saber (professor ou monitor, por exemplo) sabe que, para dar o passo seguinte, são necessários conhecimentos que não podem advir de trabalho em grupo, livre, criativo. Certos conhecimentos têm de ser programados para ser adquiridos um após o outro, numa ordem lógica.

Grupos, seminários de criatividade trabalham com o conhecimento já adquirido – afinal, a escola está aí para nos ensinar também o que ainda não sabemos. Num seminário, o conhecimento novo é quase contrabandeado para passar sem que o aluno perceba que alguma coisa lhe está sendo imposta.

Nada contra seminários; tudo contra premiar a dificuldade de "não saber". Uma verdade antiga – "Ninguém nasce sabendo" – caiu em desuso. Todos querem aparentar saber. O orgulho de adquirir passo a passo maior destreza mental e manual anda escondido por aí. O seminário reforça a ideia nefasta de que não saber é feio. Mas o não saber só é feio quando quero perpetuá-lo.

O papel do professor

Aprender

Alunos ameaçam face a face professores em sala de aula. Ameaçam por quê? – perguntar-se-ia há 50 anos. Em meados do século passado, enfrentar um professor era dificilmente concebível. A hierarquia era uma regra que se impunha por si só. O respeito mútuo – pois o professor também respeitava o aluno – acompanhava a tradição. Existiam piadas sobre o rato ou o sapo que Juquinha punha no caminho da professora para assustá-la. Mas no corpo a corpo isso não ocorria nem nos sonhos mais ousados. Ouvi casos de alunos que, escondidos, esvaziaram pneu de carro de professor, jogaram água ou tinta em diário de classe. Em escolas religiosas, esse tipo de manifestação rebelde inexistia ou, pelo menos, era bem mais encoberto. Queixar-se de professor era comum, mas pelas costas. Disfarçar e dissimular os conflitos e as simpatias era comum. Não estou aqui para defender esses recursos usados pelas gerações passadas, mas o seu uso contribuía para que fosse exercitada a capacidade de tolerar frustrações e desconfortos, sem levá-los às últimas consequências.

Toda escola tinha uma professora que era a mais amada e aquelas que eram o pesadelo de todos. "Cair com dona Iolanda? Que horror!" Mas dona Iolanda existia e cabia a uns tantos alunos passar o ano com ela. (Falo, como vocês estão vendo, de um tempo em que os mestres acompanhavam muitas gerações, professores ficavam numa mesma escola por décadas.) É difícil imaginar um mestre que possa exercer sua competência pedagógica sem autoridade para corrigir erros.

Comportamento tem de ser corrigido, assim como caligrafia, apresentação de trabalhos e conteúdos. Numa época como a nossa, em que ter uma falta ou falha apontada é visto como humilhação e repetição/imitação é um martírio, como ensinar e como aprender? Impor cânones é visto como autoritarismo. Exigir boa apresentação e cobrar demonstração do que foi aprendido é encarado como forma leve de perseguição. Obrigar a fazer tarefas não criativas, não inventivas, é tediosa e deveria ser evitada.

Assim não se ensina nem se aprende. Tentativa e erro, repetição, verificação e correção são o caminho para a assimilação. Para apropriar-se de um novo saber, é preciso verificar se o conteúdo (dois e dois são quatro) é correto. Se isso já foi aprendido, o saber pode ser colocado à prova, sendo apresentado de forma oral ou por escrito, para verificação do aprendizado.

Professor com medo do aluno, como qualquer ser humano, vai evitar esse desconforto. Vai observar pouco, vai verificar o estritamente necessário, vai fugir do eventual confronto. Assim não se adquire método de trabalho, não se aprende ordem e conteúdo. Não se nasce sabendo. Comportamentos se treinam. Num ambiente de medo, o treinamento vira uma série de falhas. Onde domina o medo do erro, onde se evita a falha em vez de corrigi-la, onde se foge do confronto se aprende pouco.

Ensino e simpatia

Há tempos venho pensando e até escrevendo sobre a importância de valorizar o professor para que seus ensinamentos sejam recebidos e assimilados. Mês sim, mês não, os meios de comunicação informam que nossos jovens alfabetizados não entendem o que leem, não sabem escrever o que pensam e não conseguem realizar operações aritméticas.

Parece que está sendo decretada no Brasil a preponderância da linguagem oral. Pelo menos no celular o brasileiro fala, e muito. O que dizemos e aquilo de que os dez dedos das mãos dão conta deveriam ser suficientes. Mas não são. Não basta recebermos notícias por rádio, TV e internet, não basta sermos bem informados: para podermos inventar, descobrir e criar é preciso mais do que informação. A prosódia, o bate-papo, vai se empobrecendo e com ela a curiosidade – que, afinal, é a mais eficiente arma contra o tédio. Saber escrever e calcular é o começo da imaginação tão necessária.

Em outros tempos, dizia-se que a preguiça e o ócio eram o ninho do diabo. Hoje mudamos a ladainha, mas continuamos percebendo que certo tipo de vazio é insuportável, e as substâncias com as quais pretendemos preencher esse espaço são quase sempre antissociais, a saber: inventar perigos artificiais, usar drogas e comportar-se de forma perversa – na qual vem embutida uma boa dose de violência interpessoal.

É no mínimo irresponsável da nossa parte, educadores, permitirmos a disseminação desse tédio, do vazio interior, da impotência mental, por conta de não sabermos mais como ensinar. E se não sabemos é porque as formas de motivação não foram transformadas para se ajustar ao mundo moderno. Duas tendências opostas e concomitantes nos atrapalham. De um lado, temos toda a cultura atual a nos dizer das maravilhas do "tempo livre". De outro, temos o discurso da completa incapacidade de preencher o tal do recém-conquistado "tempo livre" com atividades prazerosas.

Quase todas as atividades prazerosas demandam uma preparação a fim de que possamos exercê-las. Para gostar de ler é preciso, em primeiro lugar, aprender a ler, ter vocabulário. Para ter prazer em cavalgar é preciso aprender a andar a cavalo. Para fazer música temos de desenvolver habilidades só possíveis por intermédio de exercícios nada parecidos com uma melodia. Não se toca bem uma sonata, não se tira música de ouvido, se

NINGUÉM NASCE SABENDO

os dedos não estiverem adestrados para tirar som dos instrumentos. Adestramento é repetição. Para chegar a campeão olímpico começa-se praticando, repetindo mil vezes. Repetir vale para corte e costura, culinária, soltar pipa etc. Algumas atividades exigem mais, outras menos chatices, mas o que chamamos de triunfo, vitória é sempre resultado de um grande empenho anterior. Para ver televisão precisamos de pouco adestramento (bem pouco), mas para entender as imagens e aprender com elas necessitamos de um vocabulário que permita captar mensagens.

Volto à importância do emissor que somos nós, os professores. Se nós, se a família não se sente à vontade para impor os indispensáveis exercícios, vamos gerar desinteresse, tédio e, por que não?, violência. Chamamos de violência a agressão desestruturada. Quando estruturada, pode ser esgrima, boxe, luta livre e até guerra. Existe violência de muitos tipos, regrados por estatutos internacionais, regulamentos esportivos etc.

A violência que nasce do tédio e da falta de exercício deve ser temida, pois daí para a explosão basta um passo. Somos culpados quando tememos desagradar. A simpatia, a alegria, é para o fim do processo.

Educar é frustrar

Educar é frustrar.

Toda vez que tiramos a liberdade de alguém, nem que seja um pedaço, estamos frustrando. Toda vez que forçamos alguém a fazer algo não previsto frustramos por lhe tirar a liberdade de fazer o que queria, e não o que nós impusemos.

Como educar é ensinar novos comportamentos e transmitir novos conhecimentos, é impossível educar sem frustrar. Quase sempre, o que o educando quer coincide com o que o educador propõe. Mas muitas outras vezes não. Explicar o motivo de agirmos assim às vezes não adianta. A pessoa – criança, bebê ou adulto – pode não entender o porquê da frustração que lhe está sendo imposta, mas tem de acatar.

"Não quero aprender regra de três", diz a criança. Não serve para nada, pensa ela. Mas como calcular porcentagem sem noção de regra de três? E como viver hoje sem ter uma noção empírica de porcentagem?

O bebê também não entende, por mais que você explique, porque ele não pode pôr o dedo naquele fascinante buraquinho que é a tomada. São exemplos banais, mas válidos.

Ensinar o uso da linguagem correta é dever da escola, mesmo que a língua culta possa parecer um mergulho em preconceito de classe ou grupo social. Nem sempre o é. O candidato que se apresenta em uma entrevista de emprego e fala um português coloquial e relaxado corre mais risco de não ser aceito do que aquele que simplesmente se expressa de modo correto.

A professora não pode decidir hoje o futuro longínquo do aluno, privando-o de aprender a linguagem adequada – e quando digo adequada não estou falando em empolada. Falar certo num botequim não é objeto de crítica. Falar errado numa situação formal chama a atenção.

A linguagem coloquial trazemos da família, da rua, da televisão etc. A linguagem dita correta cabe à escola ensinar ou aperfeiçoar. Se o coloquial for rural, da periferia ou de classe menos favorecida, será bem diferente da linguagem coloquial de uma família culta.

Uma vez instrumentado, o aluno está preparado para escolher. Sem conhecer, a escolha não é possível. A eliminação das barreiras de classe, não só econômicas, mas também culturais, tem muito que ver com a linguagem como estrutura, vocabulário e repertório de conhecimento.

Pensar depende desse repertório. Cabe à escola instrumentar o aluno para que ele futuramente faça escolhas e desempenhe melhor sua liberdade.

Liberdade é ter escolha.

O professor na berlinda

Escrevo às vésperas da eleição. Ouço praticamente todos os candidatos falando, cada um a seu modo, em priorizar a educação. Uns falam de ensino profissionalizante, outros de ensino superior; quase todos destacam a importância do ensino fundamental. A figura do professor é enfatizada por todos. Sem respeito ao mestre, o aprendizado e a formação ficam prejudicados. É muito bom que a educação seja objeto de atenção. Só temo que, depois da eleição, outras prioridades venham a ser atendidas.

Educação é um tema bom para campanha eleitoral. Mas entre construir uma ponte, vê-la feita e inaugurá-la, e dedicar tempo à reformulação do sistema educacional, cujos resultados só vão aparecer daqui a algumas décadas, a ponte ganha sempre. E assim, de plano em plano, a educação vai ficando capenga. É bem verdade que a ponte, do projeto até a inauguração, demanda mão de obra que, se tivesse tido uma boa educação, seria mais eficiente.

Resumindo: eu diria que a educação não entusiasma o governante; o candidato gosta do assunto. Como não sou governante nem chefe, vou lucubrar um detalhe precioso da nossa relação com a escola.

Já escrevi algumas vezes sobre a importância do primeiro ano do ensino fundamental na configuração da cidadania. Assim que adentramos essa etapa, perdemos muitos graus de liberdade e individuação para ganhar a condição futura de cidadãos. No primeiro ano, estabelecemos um novo tipo de relação: passamos a pertencer a uma turma, a uma geração, o que nos desliga lentamente dos papéis singulares de cada um de nós dentro da família. Nas relações de família, de vizinhança, somos singulares: não há dois primogênitos, não há dois caçulas, só há uma mãe, só existe uma família que mora no 34, apartamento 2.

A relação que temos com a nação e o Estado depende de quão tranquila foi a passagem do singular para o coletivo. Desde o primeiro ano, somos parte de um grupo que teria de chegar junto até o fim de um processo predeterminado, com etapas previamente estabelecidas, comuns a todos. Cabe aos primeiros mestres nos acompanhar nessa experiência de um novo pertencer.

Todas as relações de pertencimento que teremos ao longo da vida funcionam em mão dupla: obediência às normas resulta em regalias de "ser parte de". A primeira experiência dessa dupla relação é vivida em sua plenitude (até então era parcial e não definidora) na escola. Tolerar esse duplo vínculo e adaptar-se a ele depende exclusivamente dos líderes – os professores.

Assim como padres, sacerdotes e rabinos representam Deus, os professores, os monitores, os serventes são os primeiros representantes do Estado com os quais a criança entra em contato. Isso não é uma lucubração abstrata: o currículo é determinado pelo Estado, assim como o calendário escolar que estabelece os dias de aula, os feriados e as férias.

Para que essa passagem seja eficiente e agradável, a estabilidade e a permanência dos professores é condição essencial. Não mudar de professor, saber que no ano que vem a minha professora será esta, essa ou aquela respeita a minha dificuldade de mudar da casa para a escola. Não há trauma maior do que o afastamento de uma mãe, por morte ou abandono. A professora que muda é vivida como aquela que abandona. A professora, na medida em que ainda se mistura com a figura materna – e nem poderia ser de outro jeito –, deve ser respeitada, valorizada e, diria mais, vista com uma pitada de reverência pelos alunos e pela administração.

Fora dos muros da escola, professor não tem nenhuma, mas nenhuma mesmo, aura de prestígio. Para ser bom para seus alunos, ele não deve ambicionar deixar de ser professor. No mundo em que vivemos, o indivíduo que não procura algo de novo, que não quer usar a experiência para se transformar é visto como acomodado, como aquele que não quer evoluir. Por outro lado, o aluno quer que o professor goste de ser o que é. É uma contradição, um paradoxo, mas é assim. Para o aluno, o professor é aquele que ama o que faz. Para a sociedade contemporânea, não há valor em não querer se transformar, mudar, crescer. A formação do cidadão demanda mestres que "não vão para a frente na vida" e gostem do que fazem, para que o aluno sinta que não estão de passagem, goste de estar com eles e capte suas mensagens.

Como resolver esse impasse? De um lado, o professor é tão melhor quanto menos progride; de outro, se não for para a frente na vida, não é valorizado.

Há algum tempo um grande jornal de São Paulo dedicou um caderno especial ao professor José Cretella Junior, atuante há 60 anos. Finalmente um professor é reverenciado como tal. Precisamos de muito mais espaço na mídia para valorizar a felicidade, a realização pessoal do professor que se afirma como professor. Se não, estaremos em um beco sem saída.

Quem ensina a alfabetizar?

Em alguns cursos de extensão e especialização deve ser ensinado o que antigamente se chamava didática. Nisso normalistas recebiam instrução e treinamento, sendo alfabetizar parte da matéria. E caligrafia, onde será que se ensina a ensinar? Na escola primária a gente aprendia a copiar, a descrever, e só depois é que se faziam composições. Será que no curso de Pedagogia se ensinam essas sutis distinções? A caligrafia caiu em desuso, mas tomar nota de um recado e deixar lembretes continua sendo necessário. Isso para não falar das receitas que o cliente carrega do médico ao farmacêutico. Tudo escrito à mão.

Outro dia li uma matéria falando dos erros do farmacêutico, causados por letra feia de médico, que prejudicam os pacientes. Os órgãos de classe pretendiam intervir, segundo a notícia. Mas caligrafia não tem mais... E nossos garranchos vão ficando cada vez menos compreensíveis.

Não sei se tudo mudou, mas sempre achei que o elenco de matérias que constavam do boletim indicava a importância daqueles conhecimentos. Nos primeiros anos era Leitura, virava Linguagem e acabava Português. Assim como no começo os números eram Aritmética, que depois virava Matemática.

Não fiz curso Normal, mas desconfio que era ali que se aprendia a sequência dos saberes mais adequados para melhor assimilação. Será que o curso superior de Pedagogia ensina esses aparentes detalhes?

A exigência de curso superior para a professora do ensino fundamental, ao menos parcialmente, constituiu um erro. Qualquer profissional de relações humanas sabe que não dá certo desprezar o conhecimento de alguém, colocando-o numa função onde ele não usa o seu potencial. A saber, posso citar o caso de contratar um gerente que já foi diretor ou de contratar para exercer funções técnicas alguém que já ocupou cargo de nível superior. Se por um lado a professora de ensino básico se beneficiou com o conhecimento mais amplo, por outro ela prefere dar aula no ensino médio, uma vez que foi habilitada para tanto.

Não tenho uma solução para esse problema, que cai no campo da autoestima. Se conseguíssemos transformar em algo invejável e valorizado a alfabetização, o ensino dos primórdios da aritmética, o contato com as exigências de certa ordem para melhor compreensão, nossas crianças estariam salvas. Mas como diminuir a importância de um curso superior que abre as portas para todo o ensino fundamental?

Quero ser dura na minha afirmação: se a professora do ensino básico não se orgulha do seu *métier*, sente seus conhecimentos mal utilizados, será que acabar com a escola normal foi bem pensado? Parece-me que não houve um decreto acabando com ela, mas se eu sou obrigada a fazer o curso superior por que não fazer o curso colegial?

Várias reformas de ensino e do currículo foram perpetradas nos últimos 30, 40 anos. De alguma maneira não foi levada em conta a especificidade dos primeiros dois ou três anos, e é sobre isso que choram os governantes encarregados de medir conhecimento. Se a alfabetização não é uma "glória", não deveria nos surpreender que a leitura apresente as dificuldades medidas pelos vários testes que o Ministério da Educação aplica.

Reprovação

Já vai longe o tempo em que existia nota vermelha nos boletins para evitar que avaliações abaixo da média passassem despercebidas de um pai/uma mãe apressado/a. Algumas escolas tinham até estrelinhas douradas para quem tirasse, na média mensal, nota acima de sete. A reprovação ocorria quando prevalecia o vermelho e a recuperação não daria conta do recado.

Na escola, a vida é boa: tem aviso de que a recuperação ainda é possível, tem segunda época e, só depois de mais esse fracasso, vem a reprovação.

As notas funcionam até hoje como uma espécie de advertência de que alguma coisa não está indo bem ou como aplauso por sucesso.

Na vida, fora da escola ou depois dela, o regime de aprovação é diferente: ou a gente passa ou a reprovação vem vindo logo ali. Ou ganha ou perde, seja emprego, promoção, bônus, exclusão: são raras as etapas intermediárias.

Em geral, sou a favor de preparar as crianças e os jovens para a vida como ela é, sem atenuantes nem etapas intermediárias.

Lembro bem como se consolava quem ficava em segunda época: "Não precisa ficar triste – segunda época foi feita para gente, não para cachorro". Podemos estender essa ideia para reprovação, promoção.

No mundo em que vivemos depois da escola, não estamos no trilho da sequência anual. Em uma classe de escola, todos podem ser aprovados. Num local de trabalho, quando existe apenas uma vaga, não há promoção para todos. Ainda assim, acho que as etapas intermediárias que encontramos no sistema escolar têm sua utilidade ao nos preparar para a competição e a vitória.

Acho curiosa a discussão a respeito dos efeitos da reprovação sobre a autoestima dos alunos. Ser reprovado, repetir o ano mexe com a autoestima e com a posição no grupo. Os colegas vão em frente e um ou mais de um ficam para trás. É uma experiência difícil, mas não intolerável.

Faz parte da vida de todos nós corresponder a certo nível de exigência. Em geral, temos conhecimento prévio das exigências do meio.

O currículo escolar se norteia, na medida do possível, pela aptidão presumida dos alunos. Sabemos o que foi ensinado na etapa anterior e sobre esse fato colocamos as exigências de desempenho. Não se ensina

NINGUÉM NASCE SABENDO

"regra de três" antes de o aluno saber a tabuada. Mas isso é na escola, onde a planilha de conhecimentos é pública. "Se está no segundo ano, é porque aprendeu a ler. Se não, estaria no primeiro."

Quando na vida nos candidatamos a tarefas, empregos, cargos, nós mesmos precisamos saber se somos adequados ao que vão exigir de nós.

Entre outras funções da escola, quero apontar que, além de transmitir informações, conhecimentos específicos, ela vai treinando o indivíduo a *saber o que sabe*, isto é, *ser capaz de avaliar-se*, isto é, *saber quem é*.

A vida é assim. É melhor ir se acostumando.

Senta e estuda

Costuma-se dizer, sem parar para pensar, aos estudantes: "Senta e estuda!" Isso pressupõe que, para adquirir novos conhecimentos, devemos estar mais ou menos imóveis, apenas mãos e braços livres para anotar. Mas será que essa ordem é suficiente para uma aprendizagem eficiente?

É muito difícil definir o que seja estudar. O processo de aprendizagem – estudar – pode estar mais voltado para a fixação de um conhecimento do que para a descoberta, a invenção e a compreensão. No início do processo, movimentar-se não atrapalharia. Muitas vezes, o diálogo é fundamental para que o conhecimento seja adquirido. Mesmo sentados podemos ter mais alguém participando do processo. É o que ocorre quando se diz "Vou estudar com fulano". Estudar junto não é decorar – essa tarefa pode-se fazer sozinho. Inclusive muitos atores decoram – mas não estudam – seus textos andando.

Já vai longe o tempo em que os professores ditavam "o ponto" e a lição de casa era apenas fixar o conteúdo da matéria. Aí, sim, cabia o "Senta e estuda".

Para orientarmos o estudo dos jovens, precisamos atentar para a complexidade embutida nessa ação. Estudar se compõe de múltiplas aptidões mentais: perceber, ler, investigar, entender, relacionar, comparar, lembrar o que já se sabe, procurar novas informações, trocar ideias, verificar se esse é o caminho certo para chegar a uma conclusão válida. Depois de tudo isso, chega a hora de fixar o conhecimento por meio de releitura, eventual anotação de fontes de referência e catalogação mental. Então o "Senta e estuda" faz sentido.

Existe um momento da escolaridade – o cursinho – em que a aula expositiva praticamente volta. Afinal, é a revisão do que já deveria ter sido ensinado e aprendido. Aí o professor é um lembrador. Deveria ser o despertador da memória acumulada nos anos anteriores de escola.

Escrevo agora pensando em pais e mestres. Um bom professor é aquele capaz de antecipar as etapas do processo de aquisição de conhecimento. Cabe a ele, que conhece o conteúdo, decupá-lo nas várias etapas: mandar procurar na biblioteca, sugerir pegar um caderno do semestre passado e por aí afora, indicando como complementar com o necessário para que o aluno esteja pronto para encarar a fase da fixação do conhecimento. Quando se diz "Senta e estuda", está-se pensando só no final.

Cabe aos pais estar atentos ao fato de que estudar não é só prestar atenção, imóvel diante da escrivaninha.

Muitas vezes pode ser necessário telefonar para o colega que tem certo livro ou enciclopédia ou ir até à biblioteca – e, modernamente, recorrer à internet.

Muitas matérias demandam laboratório, experiências e observação, mesmo as do ensino fundamental. Nas etapas mais adiantadas da escolaridade, cada vez menos sentar para estudar é suficiente. É por isso que o trabalho em grupo e os seminários aparecem com frequência lá pelo final do ensino médio.

Tudo isso não elimina a aula, o professor falando lá na frente para todos ao mesmo tempo. Cabe a ele indicar o novo e orientar o aluno sobre a melhor forma de captar a informação.

Corpo e sociedade

Cadê o trabalho manual?

O trabalho manual já foi matéria igual a outras, na qual a gente tinha de tirar nota. Aos meninos cabiam tarefas bem diferentes das incumbidas às meninas. Claro que isso num tempo em que a escola não tinha o dever de eliminar as diferenças de gênero. Poucas escolas ousam – e as que o fazem se tornam objeto de chacota – fazer meninos e meninas aprenderem a fazer tricô. Essas escolas Waldorf, que existem em muitos lugares do mundo, São Paulo inclusive, têm como ideologia diminuir a importância das diferenças entre gêneros, gerações e classes. Todos aprendem a cozinhar, consertar, construir etc. E quando digo todos refiro-me a um esforço de fazer os pais participarem não só de discussões e troca de informações sobre o andamento da transmissão de conteúdo, mas também do "fazer junto".

Na década de 1970, um grupo de jovens pais reuniu-se para construir, com as próprias mãos e o próprio dinheiro, um espaço para que os filhos estudassem de acordo com os princípios de Rudolf Steiner. E as crianças, futuros alunos, acompanharam a construção, ajudando no que podiam. Mas esse é um exemplo extremo, utópico, que nem sei se defendo. Minha principal crítica é o elitismo, mas não vou entrar nessa discussão.

Voltando às escolas das pessoas comuns, me pergunto por que o trabalho manual sumiu da sala de aula. Por acaso o mundo moderno dispensa o fazer? Será que não percebi que tudo foi passado para as garras dos robôs e nos tornamos seres pensantes inteiramente alijados do fazer?

Parece que ocorreu algo bem diferente.

Entre a porta de entrada de uma casa e os confins do dormitório, o habitante passa por um número bastante grande de produtos eletrônicos, elétricos e – cada vez em menor número – mecânicos: telefone, secretária eletrônica, computador, geladeira, *freezer*, micro-ondas, forno elétrico, instrumentos eletroeletrônicos de som e imagem e sei lá mais o quê. Estou falando só do que usamos todos os dias. Ainda sobram os eventuais, como ar-condicionado, aquecedor, umidificador e mais...

Tudo isso demanda ter em casa, à mão, uma pasta cheia de manuais cuja função é nos orientar em caso de pane de alguma das dezenas de maquinetas das quais dependemos. Porém, elas não funcionam sozinhas, uma vez que não decidem, não escolhem e só reagem automaticamente. Cá entre nós, as máquinas são burras. É a nossa mão que liga, programa, refaz, guarda, organiza. Máquina no máximo faz arquivos, mas somos nós que decidimos em que pasta guardá-los – pelo menos em nível caseiro.

E qual é a relação da escola com isso tudo?

Ainda temos de criar nas novas gerações a capacidade de ordenar, dobrar, guardar, de tal forma que os objetos possam ser usados daqui a algum tempo ou mesmo por outras pessoas, até na nossa ausência. Se hoje não bordamos iniciais, temos de carimbar, etiquetar. São trabalhos manuais aparentemente toscos, simples – mas qual o quê... Coisas mal guardadas jamais serão encontradas; papéis amassados tornam a escrita ilegível; máquinas mal fechadas travam; celulares ficam sem bateria. Os bilhetes ilegíveis e as inúmeras pilhas e baterias da casa demandam verificação, substituição, troca. É na escola que aprendemos a fazer sequências de movimentos com vistas a um objetivo. Essas tarefas não são abstratas, são treinadas no "fazer". Fazer se aprende fazendo. O homem não nasceu ordeiro, organizado, metódico: precisa ser treinado em processos de acerto e erro, avaliação e autoavaliação. Não há espaço melhor para isso do que a aula de trabalhos manuais, onde se aprende, por experiência própria, que coisa malfeita estraga logo ou não funciona.

Se ensinassem os alunos a consertar uma lanterna, eles teriam oportunidade de constatar a importância da atenção, do cuidado e do capricho. Os fios têm de estar ordenados, a pilha deve ser colocada do lado certo, a lampadinha precisa ser corretamente atarraxada. Se qualquer um desses passos for malfeito, a lanterna não acende e é preciso recomeçar, até para descobrir onde está o defeito. Seria bom se todos soubéssemos consertar controle remoto, *modem*, telefones. Não só não sabemos como não nos ensinaram a aprender. E os manuais tentam compensar isso no capítulo "Defeitos mais frequentes".

Por essas e outras, acho que trabalho manual é um bom laboratório para a vida futura.

Escolas... como serão?

Que escola formará a criatura de amanhã?

Durante longos séculos, a função da escola era formar pessoas capazes de ter disciplina, método, ordem e também oferecer conteúdos de matérias básicas. Primeiro era preciso aprender a ler, a escrever e a contar. Depois, com essas habilidades adquiridas, dirigíamos as crianças para o raciocínio e a memorização.

Hoje, com um iPad em cada mesa, computadores em toda parte, internet disponível para todos, uma boa parte das habilidades anteriores precisa sofrer uma transformação.

Ainda precisam ler, escrever e contar, mas de outro jeito – os papéis da ordem, do sequenciamento e da memorização tiveram de ser reestruturados. Antes de entrar na escola, as crianças já dominam – às vezes melhor do que os mais velhos – uma boa parte do operar dos teclados, o que os adultos no exercício do seu cotidiano, familiar ou profissional, precisariam fazer.

A enciclopédia e os dicionários já estão sendo encostados, pois as telas trazem o que os livrões guardavam. Há certa relutância em abandonar os livros.

Quem será capaz de acertar alguma profecia neste momento tão próprio da encruzilhada?

O e-mail mata o fax, aposenta parcialmente a correspondência mandada pelos correios. Cartas pessoais rareiam, mas, curiosamente, catálogos de promoção de vendas, convites e anúncios chegam cada vez mais numerosos.

O correio mudou de função: por ele passam poucos telegramas, já que o telefone, o e-mail e o celular o substituem com vantagens.

O que cabe à escola ensinar? – pergunto eu de novo.

Ser ordeiro e cuidadoso continua a ser importante, até mais do que antes. Um *tablet* é bem mais caro do que um caderno ou um livro.

Como deve a escola adestrar o uso da motricidade fina? Treinar a escrita em cadernos de caligrafia, tenho a impressão de que já era. Trabalhos manuais – quais? Antigamente se faziam cintos, cestos de barbante, bordados, dobraduras – são recursos possíveis.

A motricidade fina continua sendo importante para o desenhista, para o artista, para o artesão. Os fogões continuam precisando de conserto, os encanamentos pedem acertos bem-feitos, o horizontal precisa ser horizontal, se não tudo escorrega. A alta costura é cada vez mais valorizada, o bom acabamento também.

Ser vitrinista é ainda uma profissão de prestígio. A gastronomia exige cuidados, o *barman* precisa ser cauteloso para o sabor ser o esperado.

Que técnica vamos usar para manter a motricidade fina, apesar do computador?

Peço colaboração.

Mandem ideias.

Mão: cada vez menos útil, porém necessária

Na mão tem o dedão. O dedão permite que a gente pegue, agarre, puxe, faça pinça. Ele é essencial em muitas atividades específicas dos seres humanos. Não adianta nada ter um dedão que não seja capaz de pegar, não consiga imobilizar ou conter matéria sólida.

Numa mão dotada de polegar opositor, muitos sólidos viram ferramentas. No filme *2001: uma odisseia no espaço* há uma cena inesquecível: aquela em que o hominídeo transforma um galho em um instrumento de bater. Uma ideia que mudou a história.

A tecnologia vem substituindo esse instrumento (aperfeiçoando sua pontaria) por "programas". Para desencadeá-los, basta apertar um botão ou uma tecla. Eis aí a vitória do indicador sobre o polegar. O que será que isso vai significar na história da humanidade? Que humanidade nascerá da vitória do indicador?

Para escrever, desenhar, dobrar, colorir, o polegar é indispensável. Uma bela caligrafia ainda é cobiçada, por exemplo, para subscrever convites para grandes festas. Creiam-me, ainda existem calígrafos – gente que ganha a vida escrevendo bonito.

Ainda se usa o dedão para abrir o zíper, o fecho de velcro e também para enfiar a linha na agulha, com a qual se costuram botões. Para lapidar pedras preciosas e mexer comida na panela o polegar opositor continua tendo valia. A mão que não é pata segue servindo para inúmeras tarefas do cotidiano e até mesmo da produção industrial.

Apesar da ampla substituição das funções do polegar, ainda acho que vale a pena adestrar as crianças para o uso da mão.

A escola é o lugar ideal para desenvolver as numerosas aptidões necessárias para montar as máquinas realizadas com base em desenhos feitos por mãos hábeis. Para chegarmos a construir essas máquinas que têm o botão ou a tecla, campo predileto do indicador, passamos por algumas etapas – se não muitas – nas quais tivemos de pegar, dobrar, colocar, parafusar, medir. Para desencadear ondas sonoras, precisamos de um receptor e de um emissor. Todos eles foram montados por mãos, mesmo que encontremos alguns robôs pelo caminho.

Desenhos antecedem tudo.

Ainda bem que a bicicleta voltou à moda (seguramos o guidão). A moto continua garantindo seu lugar ao lado do automóvel, parcialmente botão e parcialmente direção. E, por enquanto, para trocar um pneu, ainda empregamos o dedão.

Por essas e outras, defendo que crianças devem continuar a dominar o uso da mão. Com o dedão ativo, com essa mão dominada pelo cérebro, obediente a ele, que tornamos possíveis os nossos sonhos.

E vivam a escrita cursiva e as chatíssimas aulas de caligrafia!

Rabiscar para inovar

À primeira vista, deixar de lado o ensino da escrita cursiva só tem relação com a entrada triunfal dos eletroeletrônicos nas salas de aula. Hoje podemos aprender a responder a perguntas, desenvolver uma ideia, sem tocar num lápis ou numa caneta. Afinal, é para isso que estão aí todos os *tablets* do mundo.

Agora, em defesa da escrita manual, começo a argumentar: aprender a escrever é mais do que promover a legibilidade e a visibilidade de uma ideia ou informação. Quando escrevemos a mão, em letra cursiva, utilizamos mecanismos da mente, que não apenas os necessários para a leitura. Não existem duas letras cursivas iguais. A letra de cada um de nós, por mais igual que seja à de muitos outros, é nossa marca registrada pessoal. O meu gê é parecido com o seu gê, que deve ter muito em comum com todos os gês escritos por todas as pessoas. Mas o meu gê tem algo de diferente de todos os gês e as, bês, cês, dês. No meu gê, entram muitos fatores: habilidade manual, se sou canhoto ou destro, se fui submetido a treino de caligrafia etc. Cada letra que se escreve é resultado de um longo exercício e aprendizado pessoal. O adestramento para escrever pressupõe ter havido a etapa do rabisco, na qual a mão se conforma com o lápis. Depois é que vamos fazer letras. Esse aprendizado de escrever uma letra ocorre ao mesmo tempo que os adestramentos para outras tarefas, como fazer laço, dar nó, tomar banho sozinho, dobrar roupa, arrumar o estojo. Os médicos chamam a isso motricidade fina, que fará parte do nosso bem viver pelo resto da vida.

Quando a gente pula uma etapa na aquisição de habilidades, o próximo passo é prejudicado, uma vez que, provavelmente, depende do anterior. E serão prejudicados vários outros passos requeridos pela vida daí para diante, seja no artesanato, como o ceramista, seja na feitura de uma tese de doutorado. Ser capaz de encarar o que foi feito e corrigir os deslizes, quando necessário, é vital para a boa finalização de tarefas.

Se não sei controlar os movimentos dos meus dedos, como é que eu vou juntar dois fios em uma tomada, amarrar uma gravata, manter em ordem a minha carteira de documentos? Documentos em papel ainda existem; por meio de botões não é possível tirar passaporte. Para vender um imóvel, pedem-se documentos em papel. Assim como não existem duas caligrafias iguais, poderíamos dizer que não existem dois arquivos de documentos pessoais idênticos em sua ordem.

Por enquanto, a prática de movimentos regulares, pequenos, delicados, pessoais ainda faz parte da relação dos indivíduos com as instituições. Para viver, ainda precisamos de adestramento para lidar com objetos frágeis – a motricidade fina continua valendo e se inicia na pré-escola.

Pela internet podemo-nos informar, podemos até informar as instituições, mas em algum momento precisaremos comparecer com papéis. No canteiro de obras, os desenhos e as informações provavelmente por muito tempo ainda serão por escrito. Será que viveremos um momento em que cada pedreiro terá um *tablet* na mão, um celular na orelha e um robô a seu serviço? E a medicina, será toda praticada pela internet e com robôs? E a alma, será acionada por botões?

Nos primeiros anos de vida, temos de adquirir certas aptidões, interiorizá-las e torná-las nossa identidade pessoal no encontro com o mundo. Quem aprende a boiar nunca esquece, assim como andar de bicicleta e escrever a mão.

A falta de exercício de aptidão pode impedir de imaginar. Se imagino pouco, não terei o que transcrever.

No mundo em que vivemos, onde inovar é o lema, as aptidões da primeira infância são ingredientes essenciais tanto para a forma quanto para o conteúdo.

Assim era antigamente e assim continua sendo.

Sem gênero

Como é que um *crossdresser* nem bonito nem elegante, que nem ao menos se faz atraente, pode nos explicar ou nos fazer entender sua iniciativa? Mais misterioso ainda é que toda afronta contida nesse seu jeito não desperte nos outros qualquer animosidade.

A figura de mulher que escolheu aparentar nos leva mais à figura de *mater dolorosa*. Na história da sua vida isso faz sentido, pois coincide o trajar-se com roupas de mulher com o luto pela perda de seu filho.

Ao trajar roupas de mulher, ele rompe o código dos gêneros da sociedade em que vive. Sabemos que padre usa batina, escocês usa *kilt*, mas brasileiro não usa, não. Ao trajar-se como faz, ele enfrenta mais do que a simples barreira de gênero. O seu travestismo não inclui fabricação de seios ou amputação de genitais – apenas roupa e depilação. (Informa ele, a quem quiser ouvir, que a face depila com *laser*, o corpo, com cera, as pernas, com gilete.) Diante de um comentário sobre ser mais difícil sentar-se com compostura trajando saia, ele sorriu e deixou a resposta sem ser dada – e sem deixar o interlocutor infeliz.

Essa pessoa não é bonita – não faz cintura, seio, nem usa excesso de pintura no rosto. É uma tia de meia-idade – não chega nem a ser velha. Toda vez que se calou, o fez com um sorriso nada irônico ou petulante. Seu olhar nem ao menos nos enfrentava. Por segundos a gente não sabia se ele ia responder ou não. Não se escondia da gente – não encarava nem fugia ao olhar. Durante todo o período do encontro no *Roda viva* (mais de hora e meia) não houve farpa na comunicação. Sua postura e seu olhar nos amansavam; nossas formulações o suavizavam.

É possível ser viril e doce ao mesmo tempo? Conversando com um amigo sobre o que aqui descrevo, ele me jogou um nome que me surpreendeu: assim nos é apresentado Jesus. Aí me lembrei de Gandhi, de Tiradentes – figuras viris e doces ao mesmo tempo. Algumas das mais importantes personalidades históricas são assim. O nosso entrevistado estava vivo, presente, chocante, e foi assim que o senti, sem naquele momento conseguir compará-lo com esses líderes. Esses não são figuras que racham lenha, atravessam muralhas, invadem recintos. Cristo expulsou os mercadores do templo sem violência e andou sobre as águas; Gandhi tentou conciliar...

A barreira de gênero tem uma função ligada à sobrevivência. Quem gesta, dá à luz e amamenta não pode ser responsável pela defesa da tenda ou da caverna ao mesmo tempo. A mão que amamenta deve ter, de preferência, gestos suaves. A mão que mata, estraçalha e cava tem outro toque.

A relação do homem com a natureza inclui certa subordinação e adaptação a ela. Quanto mais a natureza está domada, pelo menos no que diz respeito à sobrevivência e ao cotidiano, menos as diferenças de gênero têm função vital.

O mundo do botão, dos fios soldados, no qual vivemos, é diferente do das máquinas desbravadoras, do machado, da serra. Suavidade e doçura nem sempre são negativas. Estender fios, fazer pequenas soldas não exige velocidade nem força. E assim homens e mulheres podem se tornar cada vez mais iguais e menos diferentes no tocante à produção de bens de consumo, apesar de certas diferenças anatômicas.

Por enquanto, parece que as mulheres sentem como atraente o homem com pelos no corpo, barba no rosto, força no músculo. Os homens, quase em toda parte, apreciam ausência de penugem no corpo de suas parceiras. Com o tempo, isso pode vir a desaparecer também.

A impressão de tia de meia-idade que Laerte monta o torna desinteressante sexualmente tanto para homens como para mulheres, sem pelo e sem força. Todas as tias de meia-idade são assim.

A questão não é por que ele se traveste de mulher – muitos o fazem –, e sim por que não de mulher atraente. Será que, como homem que é, procura evitar nos outros homens a violência do desejo que conhece em si?

Uma das coisas que Laerte comentou, antes do início da gravação, foi que o travestismo seria mais comum entre as classes menos privilegiadas e sofisticadas, sendo o *crossdressing* mais comum na classe A. Se assim for, ele elimina o ímpeto sexual, a violência do desejo – ausente na tia de meia-idade que não é mais nem quer mais ser – na classe A.

As mulheres podem trajar peças de vestuário masculino como *tailleur*, terninho, camisa. Nenhuma é atacada por isso. Só o serão se seus gestos forem de força, bruscos.

A perda de virilidade é vista em toda parte como fraqueza a ser dissimulada. O michê travesti, na rua, acena com o corpo de homem sem a violência do macho: suspende a virilidade.

Talvez o nosso Laerte, com suas roupas de mulher não atraente, pressagie a criatura do futuro. Sua presença derrete barreiras, seu olhar dissolve agressividade. Laerte vive e deixa viver. Isso até o dia em que resolveu radicalizar entrando no banheiro feminino. Entrar onde não é chamado é exatamente o que ele até então não havia feito. Aí a sociedade se levantou em defesa de uma pretensa privacidade. Foi o único deslize, a única reação. Esse ser, essa criatura, essa pessoa não atrapalha quando aproveita a liberdade de se vestir como quer. Mas que nem ouse pensar em usar gestos masculinos, de força, de invasão. Entrar onde não é chamado foi masculino demais.

O ponto positivo de itinerário de Laerte é que a sua vestimenta feminina veio à luz quando "Os Piratas do Tietê" já existiam e sustentavam sua família. Laerte é há muito tempo conhecido cartunista. A criatura que já tinha sido comunista e sindicalista já existia como artista muito antes de atravessar publicamente a barreira de gênero.

Se, como eu disse anteriormente, Laerte pode ser um sinal de que a barreira dos gêneros é passível de diluição, como vamos educar as novas gerações? Isso é um problema que a sociedade vai ter de encarar. Algumas linhas educacionais já vêm trabalhando nessa direção. Alexander S. Neill, de Summerhill, e Rudolf Steiner, da Waldorf, vêm encarando a formação de homens e mulheres de modo menos diferenciador. As escolas democráticas, em geral, como a Escola da Ponte, em Portugal, também. Mas isso é assunto para outro texto.

Terapia ocupacional na escola

Não sei dizer se os alunos do ensino fundamental continuam tendo aulas de trabalho manual, uma vez que não me lembro de ter ouvido de ninguém, nos últimos tempos, comentários sobre o que seria ensinado nessas supostas aulas. Se elas existem ainda, não são levadas a sério – no mínimo porque não têm nota e, portanto, não reprovam.

Cerca de 30 anos atrás – quando ainda se faziam coisas a mão, não só com os dedos, que hoje em dia servem apenas para apertar botão –, fazia uma grande diferença ter habilidade manual. Aquele que tinha naturalmente esse dom não encontrava dificuldades nos vários setores da educação formal. Provavelmente era bom de caligrafia, de desenho, recebia nota boa "de ordem" e também nos trabalhos manuais. Esse era um tempo em que as pessoas tinham mãos, eram seres que desenvolviam habilidades específicas a ser executadas com a palma e os dedos das mãos – cada gesto com uma finalidade. Hoje a mão ficou para trás, serve para segurar celular, para dirigir automóvel. Ou será que serve para muito mais coisas?

É uma pena que tenha acontecido assim, porque produzir coisas é importante para o orgulho pessoal. Pode fazer parte da constituição de uma autoestima saudável. Gostar de um objeto feito com as próprias mãos, guardado pela mãe como lembrança, realimenta nossa confiança em nós mesmos.

Quando privamos a criança da oportunidade de fazer coisas, tiramos dela uma possibilidade: olhar o que fez, ver que os outros gostam, mostram e também guardam dá uma sensação gostosa na barriga. As crianças de hoje, a não ser que tenham mães muito jeitosas e caprichosas, não têm com quem se identificar para praticar a criação e feitura de pequenos objetos mercadologicamente insignificantes, porém afetivamente importantes como marcos de crescimento e transformação.

Existe uma profissão que pode – e espero que pretenda – atuar nesse campo educacional: a terapia ocupacional. Tendo em vista que nós, cada vez mais, recebemos tudo pronto e somos cada vez menos incentivados a nos tornar autores/criadores dos objetos de uso pessoal, estamos, em minha opinião, bastante carentes de profissionais que nos despertem esse interesse. Os terapeutas ocupacionais deveriam ser prestigiados, pois é pelo seu conhecimento e pela aplicação de suas técnicas e ideias que podemos criar as ligações neurais entre olho e mão. Essa ligação olho-mão é essencial para que sejamos *Homo sapiens*. Que para chegar aí precisa antes ser *Homo faber*.

Em tempos passados, imitando pais que faziam, a criança não precisava da sabedoria do terapeuta ocupacional criando exercícios para desenvolver as sinapses entre olho e mão. Aprendia-se a fazer fazendo. As habilidades eram desenvolvidas no fazer, apenas observando os outros. O terapeuta ocupacional aprende nos seus bancos escolares a desenvolver essa relação tão importante para a nossa sobrevivência.

Lamento que o encarregado de manter o homem humanizado seja o profissional que ostenta o título de "terapeuta" e não de "educador". Terapia significa curar; educar é interessar, incentivar, motivar, deixar improvisar. Sem querer abalar o importante caráter terapêutico tão necessário à atividade dos terapeutas ocupacionais na recuperação das sinapses, gostaria que esse saber também fosse utilizado na educação para o desenvolvimento de novas sinapses. Possivelmente as mesmas técnicas – ou parte delas – podem ser usadas tanto para recuperar sinapses perdidas (terapia) quanto para desenvolver novas e mais fortes sinapses (educação). Esses conhecimentos precisam ser transmitidos aos professores. As escolas precisam de terapeutas ocupacionais orientando os mestres.

Família
e escola

Aprendizado

Discernir o que se aprende em casa e o que se aprende na escola e nos espaços públicos pode parecer muito fácil, mas não é.

Em casa, a gente aprende a comer direito olhando as outras pessoas da família comerem. Antigamente se aprendia a declinar – você, senhor, senhora – em casa; hoje não sou capaz de dizer. É função familiar ensinar a escolher que roupa vestir em cada lugar e ocasião. Há não muito tempo, quando as escolas ainda tinham uniforme, a gente tinha roupa de sair, roupa de casa, roupa de festa e uniforme de escola.

Dependendo da família, manos eram irmãos e irmãos eram manos. A dona de casa chamava para a refeição, para a mesa ou para a hora de comer. Quando se falava da moradia, uns diziam lá em casa, na nossa casa, entre nós. Eu poderia citar muitas outras expressões características de certos grupos que hoje chamamos de tribo. Variava mais ainda a denominação usada para funcionários do lar: criada, doméstica, serviçal, empregada, aquela que trabalha em casa; os mais envergonhados, que se vexam por ter esse tipo de ajuda, chamam-nas de secretárias.

Na verdade, cada expressão que citei se refere não só a tribos, mas também à origem social. Tudo isso a criança já leva para a escola quando chega a seus portões. Lá ela adquirirá outros referenciais. Por exemplo: se tiver sido condicionada a não interromper a fala dos outros, sua adaptação ao coletivo escolar será menos difícil. Na escola, com certeza, ela aprenderá a escutar, a não interromper, a falar na sua vez, a pedir desculpas por quaisquer atropelos. Pela frequência com que se cruzam, os alunos de uma escola têm de ganhar essas sabedorias. Cabe à escola, além de ensinar conteúdos e modos de convívio, fazer que as crianças adquiram posturas tais que favoreçam a aprendizagem e a memorização. Tem hora de se distrair, tem hora de criar, tem hora de memorizar e tem hora de assimilar. Exagerando, eu diria que a cada etapa dessas corresponde uma organização muscular e postural.

Desde os tempos de São Tomás de Aquino, quando as aulas coletivas foram instauradas oficialmente, viu-se que colocar os alunos em fileiras, uns olhando para as costas dos outros, evitava distração. Uns atrás dos outros elimina a crítica alheia e cria um vínculo como se fora pessoal com o professor. No século 20, quando a criatividade foi acrescentada ao currículo como aptidão necessária, o *estudo em roda* pareceu ser o mais adequado. Na roda, são todos com todos. Um ângulo reto entre braço e antebraço permite escrever com mais facilidade e respirar com fluidez. Essa mesma postura também é mais adequada para a mesa de refeições.

Temas aparentemente díspares como linguagem, postura e hábitos cotidianos são aprendidos ora em casa, ora na escola. O difícil é estabelecer exatamente o que deve ser ensinado e onde.

Autoridade

No tempo em que adulto tinha autoridade para impor, exigir obediência, a transmissão dos hábitos e costumes se dava em um ambiente de "ordem e docilidade". Os adultos e as autoridades comunicavam o que podiam e o que não podiam. Em muitos casos, isso ocorria por troca de olhares tão somente ou com palavras simples e frases claras. Em geral, com o verbo no indicativo presente, ordem direta. Essa forma de relação privilegiava e pretendia manter o esquema patriarcal, no qual há aquele que sabe e aquele que acata.

Devagar tudo foi mudando e a autoridade do adulto já não é garantia de acerto. Admite-se que adultos e autoridades se enganem e errem. E isso é público e notório. Vivemos agora em uma época em que se pode discutir, argumentar e enfrentar os adultos e mesmo os doutos.

Não fazer barulho perto de gente dormindo, na igreja, no cinema, durante a novela, isso as crianças tendem a respeitar. Muitas vezes não sabem bem por quê, mas, como os outros não estão falando, elas também se calam.

Nos lugares públicos, onde, portanto, todos são anônimos, ninguém se esforça para aparecer, se destacar dos outros. A criança imita e também fica quieta. Mas, para a criança, o anonimato é mais difícil do que para um adulto normal. Como ela ainda não formou o seu "eu", não aparecer fica quase sinônimo de não existir. Em geral, porém, ela aguenta.

Em casa, na família, cada um tem o seu lugar – o pai é o pai, a mãe é a mãe, o mais velho é o primogênito, o mais novo é o caçula, o menino é o menino, a menina é a menina. Na família a gente é, a gente tem um lugar.

A saída de casa – para o parquinho, para a calçada – é um ensaio para tolerar o anonimato. A entrada na escola é o grande vestibular para a cidadania, lugar em que os iguais obedecem às normas impostas pelo social sem se melindrar. Ao ser agrupadas por idade, em cada classe as crianças serão iguais entre si – "anonimato". Nesses ambientes, serão conhecidas não só pelo nome como também pela maneira como agem. Quem corre bem, quem é bom de bola, quem grita mais alto.

Sobressair da condição impessoal pode tanto ser adequado quanto insensato. Diante do perigo, o que é mais adequado? No susto, tomadas pelo medo, quase sempre as pessoas silenciam, a não ser que o grito seja adequado para avisar os outros. Já na alegria podemos ser ruidosos.

Não é fácil educar a criança para ser socialmente adequada, para não apenas se comportar de forma positiva como também atender aos apelos da sobrevivência. Dizemos para a criança não gritar, mas não gritar nunca pode representar um perigo para quem descobre um buraco na calçada.

É função da escola, onde a criança aprende a tolerar o anonimato, ensinar as várias funções e adequações do ruído e do silêncio. Por exemplo, a aquisição de conhecimento novo ocorre melhor em ambiente de silêncio, embora certas informações possam se difundir pelo diálogo. Já decorar pode ser silencioso ou em coro, a classe inteira recitando em voz alta a tabuada. Esse hábito caiu em desuso, mas que funcionou durante muito tempo funcionou. Talvez valesse a pena rever.

Hoje valorizamos muito mais desenvolver as técnicas de descoberta, investigação, tarefas mais isoladas.

Enquanto a escola transmitia predominantemente informações (não só), as técnicas pedagógicas eram umas. A pesquisa, o desenvolvimento da dedução demandam outras técnicas. Deduzir é um jeito de pensar. Induzir é outro.

Cabe aos pais e professores, representando a família e a escola, acompanhar essas mudanças.

Do banal ao especial

Em quase todo o mundo civilizado prevalece um tipo de núcleo social, organizado em torno do matrimônio, cuja estabilidade é essencial para que filhos encontrem as necessárias condições para aprender a viver. Os seres humanos vêm ao mundo muitos anos antes de ser capazes de sobreviver sem o amparo dos genitores, daí a importância extrema desse tipo de célula comunicadora transgeracional – o casal ou a família. Pensar e repensar esse núcleo, que no nosso caso é o casal, integra o nosso imaginário, sendo de extrema importância. O casal, como unidade social, vai sobrevivendo, aos trancos e barrancos, ao fenômeno do enfraquecimento do "sagrado" e do "Estado" – que, por milênios, mantiveram a estabilidade essencial para a sobrevivência da nossa espécie. Sempre se imaginou que a família fora criada pelo desejo de forças e seres sobrenaturais. Ao declínio do sagrado corresponde uma flexibilização dos tabus de inclusão e exclusão. Daí passamos para o âmbito das formulações humanas do Direito. Agora, a família vai sendo tragada, mais rápido do que conseguimos acompanhar, pelas exigências do prazer. Rifa-se, afasta-se tudo que não é prazeroso. Não há como devolver ao Divino ou ao Estado a força reguladora que uma vez tiveram.

Assim, para lidar melhor com as dificuldades que atropelam o cotidiano dos casais, temos hoje de nos deter na compreensão da receita de prazer. Para que esse núcleo social, o casal, possa realizar sua missão de transmitir toda sabedoria necessária à sobrevivência, ele demanda um amálgama no qual rigidez e flexibilidade alternam-se sem atropelos. Essa receita não é medida em gramas, pois depende de inúmeras variáveis, umas mais importantes do que outras. É bom o casal compartilhar projetos, valores, padrões éticos, mas só isso não basta. É preciso existir uma boa quantidade de memória em comum, que vai sendo gerada pela própria vida do casal.

Grandes momentos, celebrações, rituais de gala são parte do amálgama que faz de dois um núcleo gerador de humanidade. O noivado, o casamento, os aniversários e as viagens são momentos de ouro para integrar um núcleo familiar. Numa cerimônia de casamento, por exemplo, proclama-se que um e outro, naquele dia, acham-se suficientemente especiais para assumir um compromisso público de permanência. Por ser inesquecível, é uma das pedras inaugurais da família que aí se inicia. As festas não só precisam acontecer como devem ser lembradas e evocadas.

Temos de religar cheiros, sons, paladar, tato, cores – tudo que lá esteve. Prestar atenção ao momento que se vive promete um tanto de memória, ao mesmo tempo que prepara a prospecção de futuro. Pelas inúmeras pressões e urgências do nosso jeito de viver, meio no automático, muitas vezes esquecemos que o hoje é para ser lembrado amanhã. Não é tão difícil tornar um "hoje" diferente do "ontem". Não é preciso inventar todo dia um episódio novo para inseri-lo no cotidiano, basta um detalhe. Por exemplo, vez ou outra tirar "copo de visita" para um jantar comum de uma quarta-feira qualquer. Muitas vezes, basta isso para que ele ou ela, numa simples terça-feira, pare na padaria e traga um doce para enriquecer a sobremesa. É singelo, mas é o que faz um dia ser diferente do outro, sem atravancar a agenda.

Isso não impede que se faça uma grande ruptura, como um festão ou uma viagem, que nem precisa ser para Paris – embora não seja desprezível um passeio na beira do Sena. Às vezes, a mera ida a uma bucólica quermesse pode despertar sensações que o ramerrão do cotidiano se esforça em anestesiar. Férias, fins de semana longos são sonhos dourados. É bem mais do que vivemos no presente da viagem. Garante lembranças que, ao ser futuramente evocadas, mantêm ativo o amálgama que une o casal. Ao colocar no cotidiano essas pitadas de condimentos, garantimos que as memórias do passado não sejam apenas as dolorosas rupturas, carências e ausências. Uma vida feita só de "prazer" é difícil, se não impossível. Mas pensar em melhorar nos leva a manter um fundo prazeroso que nos faz transmitir aos que nos seguem uma sabedoria de bem viver, não só de sobreviver.

Família *versus* escola

Quem costuma ler meus textos já deve ter percebido que tenho uma posição flexível, mas firme, a respeito da união frequente de pais e mestres. Traduzindo: considero família e escola duas instituições independentes mas complementares na formação de crianças e adolescentes. Os jovens têm direito de estar em contato com as duas instituições a partir de certa idade.

A escola prepara para o exercício de determinadas funções e a família para outras. Quando escola e família coincidem em tudo, perde a criança. Não falo de confronto e sim de especialização.

Quando os pais têm condições de escolher a escola para os filhos, uma primeira uniformização já ocorreu. Eu, família, escolho a escola que me agrada pela maneira como lida com ensino, disciplina e inserção no mundo.

Se a família não pode escolher, especialmente no caso da escola pública, as diferenças podem ser mais acentuadas. Não acho isso negativo. Não faz mal à criança distinguir e se adequar a exigências de diferentes lugares. Em casa pode isto ou aquilo, na casa da avó não pode, no vizinho pode outra coisa – e a escola é outro universo de regras.

O mundo é assim. Cada instituição tem suas exigências. É bom perceber desde logo. Não só as exigências mudam em ambientes diversos como a punição por gafes e erros também varia.

Viver significa se adequar, calcular e decidir quanta adaptação e transgressão podemos nos permitir a cada momento. Não estou propondo a aceitação de todas as regras. Faz parte da educação aprender a fazer cálculos permanentes, ininterruptos, de custo-benefício. A espontaneidade é também um valor de custo-benefício que varia de ambiente para ambiente. A escolha é livre. Liberdade não quer dizer *não calcular*.

Quando família e escola funcionam uníssonas, as diferenças são atenuadas, prejudicando a aprendizagem e a introjeção de comportamentos. Também não me parece adequado que escola e família propaguem posturas contraditórias. O importante, a meu ver, é que a criança perceba que está diante de dois segmentos *independentes*, que podem ou não estar do mesmo lado. Às vezes sim, às vezes não.

Escola, família, Estado, organizações religiosas interagem; é preciso viver nesse *caldo de culturas*.

Informação, tecnologia e comunicação

Dizer, não ouvir, repetir...

Por que é que hoje em dia quase ninguém ouve e poucos enxergam? Por que a comunicação entre as pessoas está tão difícil?

Acho que a escola poderia ajudar. Como? Essa é a questão.

Trarei sugestões extremamente simplórias: reintroduzirei caretices de antigamente, como cópia, ditado, descrição. Na cópia está embutida a ideia de que é preciso prestar atenção – duas vezes pelo menos – a cada item, palavra ou frase. Já o ditado pressupõe a passagem do som ouvido para o ato da escrita, que é motor e visual. Na cópia a ênfase é visual, enquanto no ditado é audiovisual. A descrição de alguma coisa que está sendo vista é a passagem da imagem para o pensamento a ser apresentado como sentença elaborada pelo aluno.

Esses três exercícios – cópia, ditado e descrição –, repetidos muitas e muitas vezes nos primeiros anos da escola, ajudam a concatenar olhos, ouvidos, mãos e pensamento. Ninguém nasce com todos esses elementos concatenados. Cabe à escola propiciar condições para organizar a percepção deles. Assim, futuramente, a probabilidade de se tornarem adultos capazes de dialogar em vez de só adivinhar se ampliará grandemente.

Os leitores poderão rir das minhas ousadas teorias, que formulei com base em reiteradas observações que procuro associar. Observo que tudo, ou quase tudo, que exige atenção e cuidado demanda repetição – tem de ser repetido até sua automatização. Quando as pessoas não conseguem ouvir sentenças inteiras, da metade em diante tentam adivinhar e a probabilidade de desencontro é grande. Muitas vezes escutaram sem levar a sério. De repente desconfiam do que entenderam e, aí, nada melhor do que obrigar o outro a repetir. Esse cuidado de pedir que se repita pode até evitar mal-entendido ou vergonha de se enganar.

Claro, dirão vocês, é bom ser cauteloso. Infelizmente, observando a realidade mais de perto, vemos que nas conversas de botequim ou em almoços e jantares informais esse cuidado todo desaparece. Ele só ocorre nas relações hierárquicas. Será que todo subalterno quer evitar o erro? Não creio que seja assim tão simples. Faz parte da minha observação que o mesmo subalterno, quando entre seus familiares ou colegas em situações informais, ouve e entende tudo.

Depois de muito observar, me aproximo da crença de que fazer o superior repetir é um *exercício de poder* do subalterno. Será que estou certa? Claro que não acho que isso ocorre no nível da consciência, da intenção. Tenho quase certeza de que atende ao requisito de ter a última palavra, dar a ordem definitiva. Quanto a isso, não tenho a menor dúvida.

Outro fenômeno contribui para essa surdez seletiva: a diminuição do tempo que as pessoas conseguem focar no discurso alheio. O hábito, criado possivelmente pelo uso constante de controle remoto, pode viciar. Ouve-se um pedaço e o resto se deduz. Misturando a vontade de ter a última palavra com o vício de encurtar a ideia apertando o botão do controle, temos o paradigma da moderna interlocução: eu digo, ele não ouve, mas não tem a menor importância. Eu repito, obedeço à ordem enviesada pelo uso do poderoso controle, sempre na mão de quem detém o poder na família.

Assim, equilibra-se o poder no grupo. Um fala, o outro adivinha e nós fazemos de conta que entendemos tudo. Ouso dizer que vivemos numa época em que essa audição seletiva entra na sociabilidade como uma das armas usadas na luta de classes.

Entre iguais, na festa de aniversário, na feijoada de sábado, parece que todos escutam tudo. Tanto que rimos ao mesmo tempo. Já repararam? Digo que vivemos uma época em que a audição se torna seletiva em condições de estresse, justamente quando deveria ser apurada.

Paradoxo da modernidade.

Do *mouse* ao rascunho

Cada vez mais se simplificam as maneiras como nos comunicamos por palavras ou imagens. Assim, aparentemente, a motricidade fina pode ser vista como uma aptidão menos importante. Por paradoxal que pareça, porém, ela pode se tornar mais vital. Vou exemplificar em dois universos: o uso da tecnologia e a construção da tecnologia.

Quero dizer que as entranhas das máquinas, aparelhos da moderna comunicação, demandam uma precisão quase absoluta na instalação de seus componentes. Como ser diminuto é valor positivo, o espaço disponível para engenhocas é cada vez menor, exigindo habilidade excepcional dos construtores e instaladores. Engenhocas são cada vez menores, impondo o uso delas mais e mais precisão de movimentos – a flecha tem de apontar para o centro, senão não dá certo. Erros e imprecisões podem jogar para as nuvens certas informações no caso de computadores, iPads, iPods, celulares, controles remotos etc.

Manuseio exige motricidade de grande exatidão.

Os adultos se encantam com a habilidade das crianças. Claro, o exercício permanente dos *games*, desde o começo da vida, habilita as novas gerações a fazer o que para nós, adultos, é uma reaprendizagem.

Por outro lado, a habilidade que nasce do rabisco, que vai desembocar na escrita e no desenho, começa a perder lugar. Nesse caminho, uma parte da criatividade se aleija. Desaprendemos ou protelamos não só a capacidade de escrever como a de corrigir. Aí, caímos numa deformação não só operacional como psíquica. Quando erramos diante de uma máquina, temos de repetir a operação. Já perante um desenho ou um texto não basta refazer: é preciso retificar, corrigir, verificar e aperfeiçoar.

Se a mente ganhou diante da nova tecnologia, ela poderá atrasar o autoaperfeiçoamento, que é um dos pilares da autoestima.

Cabe à escola equilibrar o uso do corpo para a máquina e do corpo como autorreferência de aperfeiçoamento. Parece que é a mesma coisa, mas se meus leitores pararem para pensar perceberão que se trata de coisas completamente diferentes.

Diante da máquina, a máquina é o limite.

Perante nossa competência, do rabisco em diante, o céu é o limite.

Escola paraíso

Podemos ver a escola como um paraíso onde se ingressa dotado de nome, idade, jeito de ser. Do começo ao fim da vida escolar, somos conhecidos por todo mundo na classe, na turma, na geração a que pertencemos. Quando me falam de educação a distância, tenho vontade de dizer (sob pena de ser chamada de reacionária, retrógrada) que sou contra a eliminação do paraíso escolar. Direi por quê.

É importante viver sendo alguém, estando no lugar certo, entre semelhantes. É enorme o número de pessoas que vão enveredar, pelo resto da vida, em funções nas quais serão anônimas. Cresce cada vez mais o número de anônimos, especialmente à custa da urbanização e do aumento da população do planeta. Em muitas funções da modernidade, não ser conhecido pelo nome é condição de funcionamento: devemos ser substituíveis, sem dolo para a função. As tarefas anônimas, como aquelas em linhas de montagem, em telefonia, em *telemarketing*, vão absorvendo cada vez mais gente. As pessoas não só não têm nome como muitas vezes nem sabem para quem estão trabalhando. Num *call center*, você é apenas uma voz. Numa linha de montagem, uma habilidade de fazer o gesto previsto.

Na escola, não existe soldado raso que é apenas um número, sem promoção possível. Além de transmitir conhecimento, a escola tem a capacidade de transformar cada aluno. Porém, não sairão todos iguais. O aprendido poderá ter muitos destinos: pode ser esquecido, pode servir para aprender coisas mais complicadas e também para nos tornar mais aptos a viver melhor.

Todas as funções e cargos apresentam-se com certa liturgia. Isso vale tanto para funções nobres como para os ofícios mais simples. O cobrador de ônibus não encara cada passageiro; quando o faz, transmite algo a mais que a simples troca de moedas. O camelô sorri para vender e colocar o comprador à vontade. O atendente do bar deve manter a distância exata, dentro de uma previsível familiaridade. O professor, ao olhar para os alunos, lhes fala querendo ensinar. A fala presidencial obedece a um ritmo previsível, emprega plural majestático, que ficaria esquisitíssimo, insuportável, na boca de um professor em sua aula cotidiana. A relação com magistrados, patrão e empregado, obedece a alguma coisa de mútuo consentimento cujos trâmites garantem que as mensagens sejam recebidas sem sobressaltos. Assim, a escola tem certa liturgia necessária para que os conteúdos sejam absorvidos, para facilitar a formação de cidadãos. Não gosto da ideia de escola a distância! Quero poder ser a Anna do 3.º B.

A escola é esse lugar onde todo mundo tem nome, identidade e turma, onde se aprendem coisas novas. O fato de estarmos com nossos semelhantes, submetidos à mesma pedagogia – à mesma liturgia – sem no entanto precisarmos ser idênticos, é, na minha opinião, um dos elementos essenciais do "estar na escola". Lá não estamos sozinhos, porém nos fazemos independentes.

Sou contra a escola a distância, mas não sou inteiramente contra o ensino e a transmissão de certos conteúdos nessa modalidade. Na escola a distância, não vejo o outro, não interajo; estou só, apesar de saber que em algum lugar do mundo outros podem estar acessando o mesmo portal. Só serei conhecido depois de mandar trabalhos. Os encarregados de corrigi-los eventualmente podem vir a saber meu nome e meu *email*.

Queria muito preservar o paraíso que a escola pode ser.

A gripe e a educação *online*

O modelo de sala de aula – professor à frente, alunos em fileiras/colunas, olhando para o professor – foi instituído no fim da Idade Média, quando o número de estudantes começou a aumentar porque o comércio local e regional precisava de pessoas alfabetizadas. Esse *design* de classe, que vigora até hoje, não é obra do acaso: evita distração e torna o professor a fonte mais importante de conhecimento. Em vez de se mudar o formato da sala de aula, optou-se no decorrer dos últimos quatro séculos por aumentar o número de salas e o tamanho delas, além do número de escolas. E assim foi até hoje.

Tentou-se a educação a distância em várias ocasiões e de diversas maneiras. Lembro-me dos cursos por correspondência e das aulas pela televisão. Elas podiam até ser interativas, mas não na simultaneidade e na concomitância. A resposta à pergunta podia demorar dias ou semanas. Outros conteúdos, nesse meio-

-tempo, iam se acumulando. Não era uma solução boa. De certa forma, essas modalidades não pegaram.

A internet nos trouxe a interatividade, a possibilidade de simular o mais próximo possível uma sala de aula e a troca instantânea entre professor e aluno, como se fosse a tradicional sala de aula – lousa, professor, alunos em fileiras. A aula *online*, o aprendizado *online*, é o que existe de mais próximo à velha sala de aula, instituída, se não me engano, por São Tomás de Aquino: todos conscientes de que não estão sozinhos e por disciplina impedidos de se comunicar uns com os outros durante a preleção.

Nos últimos 50 anos, foi sendo introduzida, devagar, a ideia de trabalho em equipe, trabalho de grupo, *brainstorming*, situações nas quais o professor finaliza, mas de cuja elaboração não participa. É uma aprendizagem mais ativa. Claro que o estudo *online* se refere às aulas, não a seminários ou *brainstorming*.

Em países mais adiantados, em que o computador é mais disseminado, não foi difícil introduzir as aulas *online*. Para que ir à escola ouvir uma aula? Diante do impedimento da comunicação entre os alunos, por que não ficar em casa e realizar as trocas em outro dia, aí sim na escola? Na Austrália, por exemplo, as universidades colocam à disposição dos alunos aulas *online*. A apresentação do professor pode ser seguida em casa. Mas é preciso que fique bem claro que a aula *online* corresponde ao método de ensino prévio à introdução do trabalho em equipe. Equipe *online* é possível, mas não tem o calor da hora, com o olho no olho.

Com a prorrogação das férias por causa da gripe H1N1, muitas escolas ofereceram aulas *online*. O objetivo era cumprir os 200 dias letivos impostos pelo governo e evitar atraso na transmissão de conteúdos obrigatórios. Além disso, a medida livra as instituições de ensino de muitos problemas de disciplina.

Assim, graças à gripe, eis-nos no Primeiro Mundo. Já diziam que há males que vêm para o bem.

Saber virou dever

Na escola perguntam: o que fazer com um sistema educacional que não ensina conteúdo, muito menos atenção? Culpam-se escola, professores, ministérios e conselhos, encarregados de fazer alunos aptos a pensar.

Historicamente, a função de refletir já coube aos educadores, inseridos em várias instituições – fosse na praça, onde mestres e discípulos expressavam pensamentos, fosse em volta de fogueiras. A família sempre foi um dos grupos sociais incumbidos da missão de explicar o porquê das coisas. Sacerdotes, pajés, xamãs detinham a função de espalhar o saber. Em todas as circunstâncias, ser discípulo era uma opção voluntária, escolhida por quem quisesse um mestre. Certos saberes eram da pólis, outros do clã, outros da família.

Saber virou dever. As pessoas não podem não saber pelo menos o suficiente para lidar com a sobrevivência no cotidiano da cultura. Quando o saber virou dever, teve início a ideia de juntar os iguais e transmitir o conhecimento para todos de uma vez. A escola nasce com essa democratização obrigatória (paradoxal, porém verdadeira) do conhecimento. Parecia ser uma forma econômica de equalizar.

A aprendizagem, ao deixar de ser voluntária, criou um monte de problemas não só administrativos, mas essencialmente mentais e psicológicos. Para que todos saibam o que se tem de saber, é preciso achar a forma de transmitir a todos, de tal modo que todos aprendam. Essa democracia imposta anula as diferenças e obriga o surgimento do braço de ferro do Estado na vida de todo mundo. Tem idade certa para tudo. Todos precisam se desenvolver, aprender junto, ao mesmo tempo. Assim posto, parece um massacre. E não é que é mesmo?

A escola foi decretada direito de todos, mas hoje precisa ser reavaliada a fim de preparar os indivíduos para um mundo em que o papel da família, por incrível que pareça, está se ampliando, conquistando novas funções.

Aqui e ali, para uns poucos privilegiados, encontramos métodos de convivência especiais, como os de Rudolf Steiner; além de outras tentativas, bem ou malsucedidas, de instaurar um clima de liberdade na aprendizagem.

Estou defendendo o fim da escola? Não. Estou defendendo formas livres de aprender.

Tenho solução a propor? Não, mas com certeza não passa por estatização. Portanto, não passa pela escola.

Cabe à escola, uma instituição controlada pelo Es-

NINGUÉM NASCE SABENDO

tado, transmitir e fazer que sejam assimilados os códigos necessários à inserção na sociedade – por exemplo, ler, escrever, contar, pois 2 e 2 tem de ser 4 e não 22. Cada escola tem um campo de liberdade, mas não o bastante para dar conta da plena diversidade própria dos grupos humanos.

E o que cabe à família? O domínio da afetividade que leva à liberdade de crescer para o lado que se quiser e puder. Acho que estou navegando por um sonho absurdo de ampliar as funções da família. Como? Não sei.

Assim como na Antiguidade e na Idade Média o discípulo escolhia o mestre e na Índia o discípulo escolhia seus gurus, talvez tenhamos de retornar a essa liberdade de escolher.

A educação a distância e a participação da internet na disseminação de conteúdos remetem-nos à época em que se escolhia o mestre. Mas a família existia e era com ela que se ganhava formação, que se desenvolvia a curiosidade, que se aprendia a perseverar, caprichar, prestar atenção, ter foco. Tudo nos primeiros anos de vida da criança. Uma vez adquirida essa base, é só escolher o mestre na internet.

Durante alguns poucos séculos, a chamada democratização do ensino tirou-nos a liberdade de escolher o mestre. A educação a distância está trazendo isso de volta.

Transmissão de cultura

Muitas são as características específicas à vida do homem, entre elas a capacidade de acumular e transmitir para as novas gerações as conquistas já realizadas. Desculpe, chover no molhado é o eixo central. Portanto, apesar de mantermos nossa capacidade inventiva e criativa, também somos capazes de aprender o que nos ensinam os que nos antecederam cronologicamente. Pais ensinam filhos, procurando desenvolver neles as habilidades necessárias para continuar no trilho da história. Assim tem sido desde nossos primórdios até hoje.

Certos momentos da história da humanidade se caracterizam por uma maior rapidez das mudanças, outros são mais lentos. Quando cataclismas ou grandes descobertas tiram as relações institucionais de seus eixos, as mudanças têm de ocorrer em ritmo diferenciado. O fim do século 19 e o começo do século 20 inundaram o mundo de novos conhecimentos e novíssimas compreensões. Período autorreflexivo se instaura. As ciências da sociedade analisam a sociedade. As ciências do homem estudam o homem. Entramos num grande túnel de espelho. Assim temos as ciências sociais de Montesquieu a Marx, Freud, a psicologia social e o estudo dos grupos, além da antropologia e todo o mundo novo da longevidade e da medicina. A partir do século passado, o homem olha, observa, analisa o universo, o planeta, a sociedade e a si próprio. Tudo isso ocorreu muito mais rápido do que a nossa mente acompanharia confortavelmente. Em meados do século passado surgem o computador e suas consequências. Ele é a grande mente que comporta tudo.

Como educar? Que homem queremos formar? Os educadores estão perdidos na avalanche de ideologias que os assola e também pela falta de luz no fim do túnel de espelhos que nos contém. Muito mais anos de escola não dão conta do recado. As tentativas de globalizar a problemática pecam pelo nosso vício, talvez inevitável, de ordenar o hoje em relação a uma referência futura. Isso se resume à questão: que tipo de homem o ensino fundamental pretende formar? Parece que o cérebro, falando evolucionariamente, contém a semente desse padrão. Será verdade ou ideologia? Com certeza não temos distância para nos ver sem a luz do fim do túnel.

Por outro lado, essa virada que vivemos é fascinante. Por enquanto, ser capaz de transformar ideias em palavras e converter sons em grafismos são aptidões que – tudo indica – funcionam e funcionarão pelo menos por ser um jeito de transmitir cultura. O nosso problema é o excesso a transmitir. O computador, esse nosso fiel prolongamento da mente, também usa grafismos, simbologias, signos e sinais. Portanto, nós e o computador temos de saber ler e contar. Medir e traduzir.

Apressadamente concluo que aprender as quatro operações, ler e escrever ainda são habilidades necessárias que devem ser aprendidas e não reinventadas, porque já existem.

Assim, além de criarmos seres criativos, devemos desenvolver tecnologias para transmitir a aptidão para leitura e aritmética. Precisamos alfabetizar e ensinar a contar. Aí deparamos com a primeira confusão da modernidade: a aquisição da habilidade da leitura e do fazer contas deve ser aprendida e não inventada. E quem é que sabe ensinar coisa tão comezinha? Se a escola normal fechou, onde é que os mestres aprendem a alfabetizar?

Chama-me muito a atenção a facilidade com que as crianças aprendem novos jogos eletrônicos e a dificuldade que sentem de entender o que leem. A mesma criança que não consegue prestar atenção na aula decifra jogo eletrônico num instante. A diferença entre dominar um *game* e aprender a tradução de signos e sinais é que um se faz sozinho e, no outro, a correção é feita por outra pessoa, professor ou mestre. Decifrar o joguinho se dá por tentativa e erro. Aprender a ler demanda uma geração anterior que saiba transmitir o já sabido. Para criar a máquina que qualquer criança decifra, foram necessários muitos milhares de anos de transmissão de cultura. A máquina é resultante da cultura. Não podemos eliminar, deixar de lado ou desdenhar os instrumentos de transmissão cultural. A roda e o martelo já foram inventados, assim como a escrita. Priorizar a descoberta de como as coisas funcionam – e é isso que a criança faz diante da maquininha – em virtude da liberdade com que se lida com a tentativa e o erro é quase uma condenação para a decadência. A criança é capaz de aprender. Não fora isso, estaríamos ainda em cima das árvores ou correndo pelas estepes.

Se o ser humano não suporta ter seu erro corrigido por seu semelhante, se não aguenta testemunhos de suas tentativas malsucedidas, ele precisa se isolar. Aprender é tentar e se corrigir. Diante da cultura universal, é tentar, errar e ser corrigido. É preciso que as crianças aguentem ser avaliadas não só pelas forças da natureza e da eletrônica, mas também pelo olho do outro. Quando o olho do outro deixa de existir porque está na máquina, o homem deixa de ser um ser social por excelência, tal como vem sendo definido há alguns séculos.

Vivência real

Eis-nos hoje atolados em uma avalanche de informações, que cada vez mais limita nossa possibilidade de experimentar. Vamos conhecendo muito e sabendo pouco. Porque saber é conhecer e pensar. Nessa balbúrdia, o saber fica lá, no computador, enquanto eu cá, sem espaço para pensar, fico. A vivência concreta, aquela que não é virtual, mas sim experimental, vai rareando. Enquanto isso, os jovens se rebelam contra a decoreba porque podem encontrar tudo na "máquina de conhecer", o computador.

A escola, por definição espaço privilegiado para a aquisição de informações, é onde os saberes são transmitidos, enquanto nosso corpo fica em posição de só ver e ouvir. Nesse espaço se procura anular ao máximo o universo daquelas sensações não diretamente vinculadas ao que é dito pelo mestre, escrito nas lousas, projetado em telas ou em quaisquer outras parafernálias modernas que ajudam a concentração. Enquanto o lugar de ensino procura intensamente se modernizar, fora dele somos captados pela variada aparelhagem que nos rodeia. Nessa corrida pela nossa atenção, a escola parece perder espaço.

É uma situação paradoxal que gera teorias, ideologias, posicionamentos e, portanto, argumentações e discussões, por onde se escoa muito de nosso engenho e arte.

De um narrador se espera que seja capaz de nos acrescentar informações aliadas e matizadas pela sua experiência. Esperamos que nos seja contada uma história, algo a mais do que a mera decoreba de datas, lugares e nomes. Tão longe vamos indo nessa confusão que resvalamos em um excesso de biografias, autobiografias, crônicas e contos. Nessas formas literárias, encontramos o fato e o relato da aquisição da informação juntos por definição de estilo. O jornalismo cada vez mais namora a impessoalidade, distinguindo claramente entre o puro informe e a opinião. Opinião se distingue de notícia (a simples reportagem), às vezes pela assinatura (texto assinado). Parece que a presença do narrador personifica, trazendo "sujeira", ruído, contaminação.

Quanta ilusão! Sabemos muito bem que, mesmo na pesquisa das mais exatas ciências, é dado a perceber, e percebe-se mesmo, o efeito da presença do homem que a realiza. Hoje já se duvida da impessoalidade. A divulgação disso foi muito lenta. Hoje, apresentar o *making-of* é uma dimensão a mais. Inimaginável há 50 anos, quando o aluno, o espectador, as plateias queriam ilusão.

Aí chegamos a uma situação que ousarei chamar de patética. O narrador não mais consegue se satisfazer no relato do que vive: quer fazer parte da história. Transforma-se em objeto da experiência, cujo desenho ele mesmo faz, para depois se observar experimentando o efeito de si próprio dentro do *"design"*. Quando quer falar de medo, elabora uma experiência de medo da qual será sujeito, observador e posteriormente narrador. Foge-se assim da surpresa. Sem abandonar o sensorial, pois se submete às condições previstas, o narrador mergulha na vivência mais completa possível. Tão completa que engloba preparar, vivenciar e narrar. Assim faz Amir Klink, quando sai para suas peripécias oceânicas para depois narrá-las. Assim fizeram Pero Vaz de Caminha e outros tantos tripulantes que se soltam, de propósito, prestando atenção, tim-tim por tim-tim, em tudo que sentem, às vezes até gravando, no calor do momento, o que depois vão narrar.

Mas existe uma diferença entre os narradores da Antiguidade e da Idade Média e os modernos mestres da aventura. Amir Klink, a família Schürmann e outros tantos modernos aventureiros têm em vista *contar*. Só modernamente a plateia – composta por ouvintes, telespectadores ou leitores – faz parte do projeto ou da própria aventura, que pode até não ter sido projetada.

Tão repletos estamos nós, da plateia, de absorver a vivência alheia que fomos obrigados a criar uma nova categoria na ficção. Para escrever, vou vivenciar. Outrora queria vivenciar, e depois podia relatar o real ou misturá-lo com o imaginário, gerando a ficção.

Agora não. Parece que o campo da ficção vai se esgotando e autor é aquele que, para descrever, precisa inventar a situação na qual mergulhará para ter o que contar. É uma autobiografia onde o autor limita o campo a ser exposto. É a única forma de sentir, relatar, preservando privacidade. Não vou falar de mim em todas as minhas dimensões. Vou falar de como organizei a experiência de me lançar de paraquedas. Não vou falar sobre minha saudade. Não vou associar com *insights* sobre a etiologia do meu medo de altura. Privacidade preservada sem falsidade dentro da forma autobiográfica.

Infância e adolescência

À margem da escola

Além da escola e da família, quero chamar a atenção para a falta que faz o espaço comunitário, a praça de acesso livre, para formar gente boa. Porque entrar na adolescência e ser adolescente não é fácil no mundo de hoje. Muito menos amadurecer. Vivendo numa encruzilhada entre as forças socializadoras e a ânsia de ser únicos, falta-lhes espaço para exercitar a autonomia enquanto estão em formação. Sem se exercitar, experimentar a alquimia da socialização, sofrerão os jovens muito mais quando as experiências forem de fato para valer.

Os espaços livres propiciam ao pré-adulto escolhas descompromissadas para que ele possa se preparar para a individuação futura. Por acerto e erros, com preço baixo, põe-se à prova seu potencial para lutar pela vida. E, sem esse treino de sociabilidade, o exercício da empatia fica prejudicado.

Nesse processo, o jovem vai aprendendo a refletir tanto sobre sua relação com o mundo quanto consigo mesmo. A personalidade das novas gerações, forjada nesse lugar/momento, será tão mais transparente quanto maior tiver sido seu tempo de brincar, de fazer de conta. A liberdade lúdica é o espaço em que ocorre o teste de si próprio.

Escola, igreja, família são lugares para os exercícios de socialização e autonomia. As experiências no trato com as instituições, a realidade social, a natureza e o meio material em geral permitem que o particular de cada um tome forma. A ausência de espaço para experiências de pertinência, inclusão, afastamento e exclusão dá, a meu ver, origem a sentimentos de vazio e à consequente dificuldade de sentir o outro. Eis aí instaurada uma crise de alteridade que pode levar a sentimentos de desamparo e desespero.

Na tentativa de salvar sua integridade existencial, o jovem talvez viva momentos de turbulência ou apatia. A agressão pode se voltar contra o mundo material – prédios, ruas, jardins – mas também, e por que não, contra pessoas. Depredação, pixação, descuidos podem ser vistos como o uso do ambiente, como se fora o brinquedo que faltou. Ataques ao meio urbano são feitos por grupos que não tiveram condições de estabelecer um imaginário satisfatório. Não lhes resta nada além de interagir com o real.

Instituições responsáveis pela formação do homem de amanhã falham muito mais no provimento do espaço lúdico do que no de espaço para a aprendizagem formal (a sala de aula).

Fala-se mais em tornar o aprender agradável do que em fornecer espaços lúdicos, estes sim prazerosos, onde se possa fantasiar e criar a cultura daquele momento. Quando não se pode pertencer sucessiva ou concomitantemente a várias patotas e galeras, dificulta-se a formação do cidadão.

Liberdade de entrar e sair, de pertencer e abandonar, ajuda na formação do cidadão. Aquele que pode refletir, mudar de ideia, de interesse, de atividade é um indivíduo livre.

Sem querer dar receita, mas apenas exemplos, penso em clubes, acampamentos de férias, parques, praias, times de várzea. Cabe à sociedade civil criar esses espaços, em que se pode entrar, sair, praticar, testar, ir embora, voltar no dia seguinte, sem carteirinha, sem crachá, sem matrícula.

Os espaços do Sistema S (Sesc, Sesi, Senac) constituem um modelo interessante. Mas o melhor mesmo desapareceu. Era a rua, o campinho, o beira-rio, os espaços livres das cidades – que eram também livres de violência. Isso é passado, mas cabe a nós reinventar esses espaços para que a função integradora não desapareça.

A cidadania sempre foi forjada no espaço livre das cidades. Sem orçamento, sem ônus para nenhuma entidade.

Adaptação

A nossa vida, do nascimento até pelo menos o fim da adolescência, é constituída por uma sequência de mudanças que vão deixando um rastro de lembranças quase sempre sentidas como desconforto. Sabemos que poucas crianças aceitam o sabor salgado com facilidade. A passagem do líquido para o sólido é amenizada pelos mingaus; a introdução do alimento pastoso intermedeia e facilita essa transição.

O incômodo de algumas passagens pode deixar marcas menos acentuadas, principalmente quando elas proporcionam uma ampliação de horizonte. Por exemplo, ninguém aprende a andar sem perder o equilíbrio e cair várias vezes. Em compensação, enxergamos mais longe na posição vertical para a qual estamos nos preparando. Aprender a ler também pode ser desagradável, mas traz a promessa de entender os garranchos que estão nos livros. O mesmo acontece quando aprendemos a escrever e quando nos familiarizamos com novas línguas. Essas transições, apesar de penosas, são suportadas com mais facilidade e podem nos trazer até boas recordações quando nos permitem crescer, ver mais e saber mais.

Separar-se de lugares ou pessoas também vem sempre acompanhado de dor. Faz parte de ser criança não poder nem querer ficar sozinha. Cada separação traz embutidas situações de estranheza e o fato de precisar se haver com pessoas novas que substituem aquelas que se foram. Uma expressão em português – não muito usada, mas nem por isso menos importante – dá conta desses momentos: "Está estranhando". Criança estranha rostos novos, tetos novos, casas novas... Estranhar é uma mistura de aprendizagem e desconforto.

Até aqui, fiz uma introdução para falar do primeiro dia na escola, que traz em seu bojo um belo punhado de pessoas, lugares, sons. Tudo novo – causando estranheza. Ao entrar na escola, a criança, ao contrário do que acontece em casa, não é mais um membro conhecido de uma família; passa a ser uma entre muitas a ser dirigidas e cuidadas por pessoas ainda estranhas.

São inúmeras mudanças, mas elas têm de ocorrer. Tenta-se amenizar, admitindo um tempo de adaptação, no qual alguém de casa – a mãe, o pai, a babá – fica disponível na escola. A pessoa fica à vista, porém a distância.

No entanto, nas etapas posteriores da vida, períodos de ajuda na adaptação serão cada vez mais raros. Ninguém nos leva pela mão para o primeiro beijo, o primeiro emprego, a lua de mel etc.

Há poucas décadas, todo mundo tinha certeza de que era melhor deixar cada um enfrentar as dores do crescimento e da socialização sozinho, do seu jeito. Estamos cada vez mais convencidos de que devemos amenizar a dor dessas passagens. Amenizar, contudo, não quer dizer ignorar, quer dizer "quero que você sofra o mínimo possível". Não é possível, nem seria desejável, transformar a infância num mar de rosas que ninguém encontra na vida pela frente.

A vida pode ser vista como um mar de rosas, só que rosa também tem espinhos, não só pétalas. Que pena!

Brincar e fazer de conta

Não quero chover no molhado dizendo que brincar é importante para o desenvolvimento da criança, mas gostaria de me ater a esse tema, agora de trás para diante.

O que acontece com gente que não brinca, nunca brincou, não teve espaço para fazer de conta? Ele pode suprir essa carência usando os instrumentos de adultos como se fossem brinquedos. Quando uma criança brinca de mocinho e bandido, de professora malvada ou de tio perverso, fica tudo no plano do faz de conta. Armas de fogo, libido adulta, poder institucional não estão à disposição das crianças. Mas o adulto, quando brinca com o poder institucional, desemprega ou mancha o nome de uma pessoa; comete até crimes se a arma for de fogo, por exemplo. Manter o faz de conta na idade adulta chamava-se pecado e hoje é transgressão ou crime.

Numa sociedade ampla como a nossa, adulto brincando de faz de conta pode vir a gerar dor.

Quando criança, brincar é exercitar poder e luta por liderança, prestígio e força. Correndo até o pique, não se exercita só a perna, mas também os olhos e uma alma competitiva. Quando a criança faz de conta que é gente grande (professor, pai, bombeiro, presidente etc.), ela está praticando "mando" e "comando" enquanto outros são os subordinados (filhos, alunos, povo etc.). Todos não podem ser ao mesmo tempo professores, assim como todos não podem vencer. Certas brincadeiras pedem espaço, outras nem tanto. O importante é não ter adulto vigiando. As crianças precisam de um pouco de falta de supervisão. Não estou propondo omissão, e sim disponibilidade para atender a um chamado. O adulto não precisa estar lá, não deve. Basta poder atender.

Os brinquedos estão entre as primeiras propriedades da vida de cada um. Está na memória de todos nós um ou outro brinquedo favorito. Ao brincar com as coisas de que gostamos, desenvolvemos o apego e o cuidado. Não são obrigatoriamente objetos de grande valor nem lembrança deixada por alguém que partiu. Temos objetos preferidos dos quais nos lembramos para sempre, mesmo depois de não guardá-los mais.

É bom desejar alguma coisa e ter ocasião de pedi-la e esperar por ela. Nutrir doses moderadas de inveja, de vontade de ter o que o outro tem é outro exercício saudável do nosso vir a ser. É sempre bom deixar os pequenos quererem, desejarem, pedirem – para, depois de alguma espera, ganharem. Muitas vezes se ganha um brinquedo antes de saber usá-lo. Em vez de ser uma alegria, torna-se testemunha de nossa limitação.

Analisando em detalhe o implícito e o explícito do brincar, vemos não só a importância do brincar e fazer de conta como também a complexidade do viver cotidiano do adulto.

Primeiro ano primário

O que muda na vida da criança entre o jardim da infância, o pré-primário e sua entrada no primeiro ano primário ou, como se diz hoje em dia, no primeiro ano do ensino fundamental? Pode até a criança se alfabetizar no jardim da infância, mas é a partir do primeiro ano que lhe será cobrado o desempenho – seja de reconhecimento de letras, seja de caligrafia, contas etc. Antes do primeiro ano não há exigência-padrão. Se quiser faz, se quiser brinca, desenha, monta, exercita a corrida, o equilíbrio e outras aptidões motoras.

No primeiro ano do curso fundamental entramos de chofre na motricidade fina, na leitura e na caligrafia. De livres e soltos, passamos a ser indivíduos em grupo, devendo perceber nossas diferenças pessoais na relação com os outros. Essas diferenças serão balizadas por mestres e monitores que apontarão atrasos, aptidões e dificuldades. De acordo com a ideologia da escola, essas diferenças serão transformadas em notas. Entrar no ensino fundamental é um passo decisivo. Aí começamos a nos sentir parte de um mundo maior, fora do que conhecíamos como família e vizinhança. Ao dizermos "Estou em tal ano escolar", quem ouve sabe o que esperar de nós. É o começo da cidadania.

O método de ensino pode ser antigo, moderno, mas em determinado momento o aluno terá de saber ler, escrever, contar etc. Existe um objetivo, uma meta.

É enorme a responsabilidade dos adultos encarregados de acompanhar esse momento da vida das crianças. Estão no nascedouro da camaradagem, da sociabilidade. Como vão interagir o resto da vida? Depende de que forma viveram esse momento. Cada um vem de uma família que tem seu jeito, suas ideias, além da genética. Cabe à escola, nesse momento, normatizar a passagem. A partir de agora o poder da comunidade escolar aumenta. Cada criança vai reagir a essa nova condição dentro de suas possibilidades. Para algumas será fácil, mas não para todas. É muito importante que o adulto presente perceba esse esforço.

O currículo pode ser comum a todas as instituições, mas as regras usadas para nortear os limites dependem da cultura da região, da classe social de origem e da ideologia da escola. Aí se encontra um segundo passo, quando o aluno diz de si a si mesmo: "Estou no primeiro ano de uma escola muito puxada ou de uma escola muito gostosa". Puxada ou não, a escola apresenta limites a que todos os alunos estão sujeitos. De passo em passo, vamos percebendo que o colega ao lado é mais rápido, o da frente é mais lento e eu sou mais ou menos – tudo diante de uma mesma tarefa. Para os adultos isso parece fácil, mas um dia já foi para nós também uma exigência psicológica enorme. É na competição que se instaura entre os alunos da mesma classe, na comparação entre facilidade e dificuldade, que reside a grande novidade angustiante.

A experiência dessas várias modalidades de integração é sempre tão traumática que a memória delas é quase bem reprimida. Pouquíssimas pessoas a quem perguntei foram capazes de lembrar desse início da vida simbólica.

Em casa e na pré-escola, já se praticou bastante "faz de conta", "era uma vez"... No primeiro ano, o verbo "ser" passa a dominar. Podemos usar indiferentemente letra de forma ou letra cursiva, mas não se trata, de jeito nenhum, de um faz de conta personalizado.

Os professores e a direção das escolas precisam compreender a importância desse momento, dos meses iniciais do primeiro ano. Sugiro que cada professor mergulhe em si próprio e veja como está apagada a memória de uma coisa tão relevante e decisiva. É porque foi traumática. Cabe ajudar.

Depois da escola

Criando um indivíduo para o mundo

Nesse nosso mundo atual, onde o individualismo é tudo, todos exigem o direito de escolher. Essa premissa – dos direitos adquiridos – foi uma conquista lentamente obtida. É a premissa da democracia: meu candidato até pode não ganhar a eleição, mas selecionei, exerci plenamente o meu direito de escolher.

Porém, quanto mais se amplia meu direito de escolha, maior fica o vazio em relação ao que escolher. Quando escolho, o faço porque quero, prefiro, preciso disso ou daquilo. Para tanto, é preciso existir um querer. Numa sociedade complexa, o leque de possibilidades tende ao infinito, assim como as possibilidades de escolha.

Preciso lembrar que a nossa sociedade não é modelo único. Existem aquelas com apenas dois tipos de roupas disponíveis (um para festas e outro para o cotidiano), dois, no máximo três, tipos de armas, só um tipo de casa etc. Já nós temos mil e uma formas de atacar e defender, de morar, de nos vestir etc.

NINGUÉM NASCE SABENDO

A pergunta é: criamos a nova geração apenas para saber escolher ou somos responsáveis também por influir na formatação das escolhas possíveis?

Fiz esse preâmbulo para chegar à razão de ser deste texto. Educação é uma educação para alguma coisa. Se não se define isso – a finalidade para onde se caminha –, toda a pedagogia tende para o arbitrário. Se quero educar meu filho para ser super-homem ou executivo, me orientarei por esse objetivo, mesmo que de forma inconsciente. Se esse objetivo não é claro, ou pelo menos previsível, mergulha-se no mundo onde vale tudo e ao mesmo tempo nada é permitido.

A escola, na medida em que passou a respeitar excessivamente a individualidade, deixou de formar cidadãos com aspectos comuns entre si, uma vez que também deixou de se permitir fixar-se num ideal de homem. Se todos podem ser diferentes entre si, se toda a escolha é válida, que luz nos orienta na escolha de estratégias educacionais?

Até o dia em que se tira o diploma, vemos o respeito à individualidade reverenciado. Mas não é assim que funciona na sociedade futura que aguarda os alunos lá fora.

Daí até a aposentadoria, os indivíduos passam por filtros específicos. Existe, para cada vaga, um tipo de currículo preferencial, assim como existe o tipo ideal para cada concurso.

A escola que acena com uma liberdade inexistente fora de seus muros, sem se permitir impor uma idealização de vida, falhará obrigatoriamente em sua missão. Ela não pode acenar com uma liberdade que não existirá depois. Seria bom que a escola fosse uma representação minimalista do mundo futuro. Este escolhe os indivíduos, dá preferência a uns e não a outros. Fazer de conta que o mundo não é assim é falso.

A criança que tem cadernos em desordem, como se isso fosse natural, apresentará currículos também mal montados. E o recrutador que recebe e seleciona optará pelo mais bem apresentado.

Cabe à escola capacitar membros para viver na sociedade que os aguarda. Cabe à escola criar pessoas capazes de abdicar de certos extremos de individualismo, personalismo, para ser indivíduos, sim, mas não obrigatoriamente solitários.

Eis o homem. Qual?

São quase sempre bem-vindas as discussões a respeito de educação, especialmente como tarefa da instituição escola. A família, a vizinhança, a mídia são outra questão.

Sobre a escola discute-se exaustivamente – técnica pedagógica, formação de professores, efeito dos salários, número de horas, função da lição de casa e outros tantos temas. A integração pais e mestres é um assunto bastante focado.

Não há sociedade sem um sistema de transmissão da tradição. É assim que caminha a humanidade, desde sempre. Os fatores antes mencionados são centrais à formação do homem de amanhã. Mas que homem queremos formar?

Vivemos numa sociedade com história, ou seja, as transformações ocorrem sem parar. Neste momento, a velocidade da transformação é excepcional. Contudo, o cérebro, esse órgão tão velho quanto o homem, nem sempre acompanha o passo a passo desse ritmo. Alguns instrumentos do saber precisam ser adquiridos.

Temos de saber ler, escrever, contar. Necessitamos obter informações sobre o mundo em que estamos (ciência, história, atualidades...), e esse é um ponto difícil de lidar.

Para ser empreendedor, é preciso ter certo tipo de personalidade e aptidões mentais muito diferentes das necessárias para formar um artesão, um técnico qualificado, um operário, um professor, um padre – e tantas outras funções sociais que demandam do indivíduo condições psíquico-mentais específicas tão diferentes entre si como água e vinho. Aquele que não recebe uma formação adequada para funções de liderança, por exemplo, não saberá conduzir e poderá acabar sendo conduzido; temos aí a semente de um permanente mal-estar. Se dermos a alguém condições de pesquisar e se aprofundar e futuramente só lhe couberem funções rotineiras, eis mais uma pessoa infeliz.

Que homem queremos formar? De que tipo de homem o mundo moderno precisa?

Hoje, a maioria das escolas incentiva autonomia, independência, livre acesso ao conhecimento. Damos a entender, pois, que esperamos que o jovem venha a ser um homem curioso, feliz em descobrir e divulgar. E como se forma o homem que pensa? Todas as funções da Terra são iguais em suas exigências? Não. Será justo incentivar a submissão? Nesse gargalo estão enroscadas questões político-ideológicas que devem ser discutidas. Acredito no anseio de cada um de nós por se libertar das amarras e sair pelo mundo do seu jeito, mas não dá.

Sou claramente, por enquanto, a favor da ordem e da disciplina, condição *sine qua non* para a aquisição dos instrumentos básicos: ler, escrever, contar. Depois é depois.

Depois o jovem bem encaminhado se liberta. Creia nele.

O mundo muda e viver continua sendo difícil

O tema da inclusão e da exclusão é recorrente nas notícias sobre o cotidiano. Os jornais alardeiam o tema, o Legislativo procura regulamentar as questões oriundas das novas forças democráticas que visam à inclusão a mais universal possível. Sobram para o divã do analista os padecimentos dos excluídos. Essa força ideológica que procura impor igualdade por decreto gera abalos graves na autoestima.

Há não muito tempo dizia-se que a sociedade deveria lutar pela distribuição equânime de oportunidades. Como não existem vagas, espaços iguais para todos, a desigualdade nesse nível é quase inevitável.

Na segunda metade do século passado, o grande tema era regulamentar o acesso de todos às oportunidades. Para a realização dos desejos de todos, diríamos que a competitividade chegou aonde podia chegar, entrando em dado momento em declínio justamente porque outras dores eram geradas nos vencidos diante dos vitoriosos. A era tecnológica divulgando desejos e mais desejos levou a uma luta sem parada.

No âmbito escolar, que tomarei aqui como exemplo, foi se solidificando uma hierarquia tenaz. Escolas de primeira grandeza nasceram da ideia de escola ao alcance de todos. Abriu-se a possibilidade de uma melhor distribuição de diplomas e carreiras e reproduziu-se em outro nível a desigualdade anterior. Tem diploma tal e qual que vale mais do que outro. É difícil esse igualitarismo proposto. Todo mundo sabe que para entrar nas grandes escolas precisamos, das duas, uma: ser bom aluno vindo de uma escola dita boa ou ser excepcional vindo de escolas comuns.

A desigualdade continua. Isso vale para outras coisas também, por exemplo a saúde pública. Os abastados têm condições de se socorrer melhor do que aqueles que dependem dos serviços públicos de saúde. Os bons professores, por hipótese, estão em maior número nas escolas cujo título melhora a imagem do profissional. Dizer que é professor da Universidade de São Paulo (USP) projeta uma imagem mais favorável do que ser professor de escola menos afamada, menos bem contada nos *rankings* das instituições de avaliação.

E temos de continuar vivendo na desigualdade agora deslocada. Assim é melhor, mas as diferenças ainda machucam.

Pela cultura do aprendiz

A ideologia da "inclusão pela arte" se origina de fato na possibilidade de trazer para o seio da sociedade pessoas marginalizadas lançando mão de atividades artísticas ou a disponibilidade de pessoas interessadas em criar arte e também em realizar um trabalho socialmente válido gerou a ideologia?

Confesso que percebo o mundo mais necessitado de soldadores, encanadores, marceneiros, carpinteiros, eletricistas, técnicos em telefonia, pintores de parede do que (pelo menos numericamente) de artistas plásticos e músicos em geral. Parece que não tem muito operário especializado interessado em passar suas horas vagas adestrando jovens.

É preciso tomar cuidado quando nos deixamos levar, sem analisar, por ondas que atendem a certos desejos e não outras necessidades. Claro que um intelectual diletante não sabe soldar, mas sabe gerar um clima de liberdade para manifestação da criatividade – e, além disso, tem vontade e tempo, para fazer trabalhos de inclusão social com jovens excluídos. Inclusão pela arte faz mal? Não. Mas inclusão por um ofício faz melhor.

Infelizmente as pessoas capazes de ensinar um ofício estão ocupadas exercendo-o e provavelmente nem imaginam que precisariam ir até os núcleos de excluídos para realizar uma obra importante para eles e para a sociedade. Já os artistas, preocupados em comunicar – uma vez que é esta a missão escolhida por eles –, procuram disseminar sua mensagem.

Mas também precisamos de aprendizes na arte de manter a sociedade tecnológica em funcionamento. Já vai longe o tempo em que bastava ser homem para saber trocar fusível, lâmpada, interruptor e courinho das torneiras. Hoje há dezenas de controles remotos por casa, lâmpadas que ficam acendendo e apagando a cada vez que falta luz, no mínimo dez aparelhos eletroeletrônicos em cada cozinha, sala e quarto. A nossa dependência dos "homens" se tornou muito grande. É preciso um movimento para que cada um desses homens assuma alguns aprendizes que os acompanhem e aprendam o seu ofício, ofício no qual são mestres. Sem falar que a arte só inclui os geniais, enquanto não é preciso ser gênio para ser artesão – o que torna a questão da inclusão mais eficiente nesse campo. Esta é minha proposta: aprendizes para os nossos mestres. Existem afazeres que se aprendem como aprendiz (fazendo, vendo fazer), e não como aluno que ouve preleção e explicação. Tenho dito.

Crédito dos textos anteriormente publicados

"*Bullying* – A revolta dos injustiçados" (p. 14): publicado originalmente na revista *Profissão Mestre* em julho de 2011.

"Chega de ser trouxa" (p. 16): publicado originalmente na revista *Profissão Mestre* em 2010 com o título "Hedonismo".

"Em defesa do período integral" (p. 18): publicado originalmente na revista *Profissão Mestre* em 2011 com o título "Qual é a escola melhor?"

"Errar é mesmo humano?" (p. 20): publicado originalmente na revista *Profissão Mestre* em 2009.

"A escola moderna e a escola à antiga" (p. 23): publicado originalmente na revista *Profissão Mestre* em 2010.

"A escola mudou" (p. 26): publicado originalmente na revista *Profissão Mestre* em 2012.

"Lição de casa – Sinônimo de solidão" (p. 29): publicado originalmente no caderno Equilíbrio, da *Folha de S.Paulo*, em janeiro de 2010, com o título "Lição solitária".

"Matemática de novo" (p. 31): publicado originalmente na revista *Profissão Mestre* em 2011.

"Que escola ensina melhor?" (p. 34): publicado originalmente na revista *Profissão Mestre* em 2011, com o título "Onde se aprende melhor".

"Questão de preferência" (p. 37): publicado originalmente no caderno Equilíbrio, da *Folha de S.Paulo*, em janeiro de 2012, com o título original "Nem sempre é bom ser predileto".

"Reunião como ponto de venda" (p. 40): publicado originalmente no caderno Equilíbrio, da *Folha de S.Paulo*, em janeiro de 2012, com o título "Por que as escolas querem tantas reuniões".

"Seminário é bom para quem?" (p. 43): publicado originalmente na revista *Profissão Mestre* em 2009.

"Aprender" (p. 46): publicado originalmente no caderno Equilíbrio, da *Folha de S.Paulo*, em 15 de janeiro de 2009, com o título "Aprender a ser adulto".

"Ensino e simpatia" (p. 49): publicado originalmente na revista *Profissão Mestre* em 2009.

"Educar é frustrar" (p. 52): publicado originalmente na revista *Profissão Mestre* em 2011.

"O professor na berlinda" (p. 54): publicado originalmente na revista *Profissão Mestre* em 2010.

"Reprovação" (p. 61): publicado originalmente na revista *Profissão Mestre* em julho de 2012.

"Senta e estuda" (p. 64): publicado originalmente no caderno Equilíbrio, da *Folha de S.Paulo*, em janeiro de 2010.

NINGUÉM NASCE SABENDO

"Cadê o trabalho manual?" (p. 68): publicado originalmente na revista *Profissão Mestre* em 2009.

"Escolas... como serão?" (p. 72): publicado originalmente na revista *Profissão Mestre* em 2012.

"Mão – Cada vez menos útil, porém necessária" (p. 75): publicado originalmente no caderno Equilíbrio, da *Folha de S.Paulo*, em janeiro de 2012, com o título original "O que fazemos com nossas mãos".

"Rabiscar para inovar" (p. 78): publicado originalmente na revista *Profissão Mestre* em 2011.

"Sem gênero" (p. 81): publicado originalmente na revista *Profissão Mestre* em 2012.

"Terapia ocupacional na escola" (p. 86): publicado originalmente na revista *Profissão Mestre* em 2009 com o título "T. O. no ensino fundamental".

"Aprendizado" (p. 90): publicado originalmente na revista *Profissão Mestre* em 2011.

"Autoridade" (p. 93): publicado originalmente na revista *Profissão Mestre* em outubro de 2012.

"Do banal ao especial" (p. 96): publicado originalmente na revista *Profissão Mestre* em 2010 com o título "Por detrás da escola".

"Família *versus* escola" (p. 100): publicado originalmente na revista *Profissão Mestre* em 2011.

"Dizer, não ouvir, repetir..." (p. 104): publicado originalmente na revista *Profissão Mestre* em 2011.

"Do *mouse* ao rascunho" (p. 107): publicado originalmente na revista *Profissão Mestre* em 2012.

"Escola paraíso" (p. 109): publicado originalmente na revista *Profissão Mestre* em 2010.

"A gripe e a educação *online*" (p. 112): publicado originalmente na revista *Profissão Mestre* em 2009.

"Saber virou dever" (p. 115): publicado originalmente na revista *Profissão Mestre* em 2011.

"Transmissão de cultura" (p. 118): publicado originalmente na revista *Profissão Mestre* em 2009.

"Vivência real" (p. 122): publicado originalmente na revista *Profissão Mestre* em 2012.

"À margem da escola" (p. 128): publicado originalmente na revista *Profissão Mestre* em 2012.

"Adaptação" (p. 131): publicado originalmente no caderno Equilíbrio, da *Folha de S.Paulo*, em julho de 2012, com o título "Questão de adaptação".

"Brincar e fazer de conta" (p. 134): publicado originalmente na revista *Profissão Mestre* em 2011.

"Primeiro ano primário" (p. 137): publicado originalmente na revista *Profissão Mestre* em 2010.

"Criando um indivíduo para o mundo" (p. 142): publicado originalmente na revista *Profissão Mestre* em junho de 2009.

"Eis o homem. Qual?" (p. 145): publicado originalmente na revista *Profissão Mestre* em 2010.

"O mundo muda e viver continua sendo difícil" (p. 148): publicado originalmente na revista *Profissão Mestre* em 2011.

"Pela cultura do aprendiz" (p. 150): publicado originalmente na revista *Profissão Mestre* em 2009 com o título "Inclusão com arte".

www.gruposummus.com.br

IMPRESSO NA
sumago gráfica editorial ltda
rua itauna, 789 vila maria
02111-031 são paulo sp
tel e fax 11 **2955 5636**
sumago@sumago.com.br